“全民科学素质提升”丛书

南京市科学技术协会　组织编写

丛书主编　曹福亮

科技强农助振兴

农民科学素质提升手册

胡春梅　李英　编

南京出版传媒集团
南京出版社

图书在版编目（CIP）数据

科技强农助振兴：农民科学素质提升手册 / 胡春梅，李英编. -- 南京：南京出版社，2024.5

ISBN 978-7-5533-4642-7

Ⅰ. ①科… Ⅱ. ①胡… ②李… Ⅲ. ①农民－科学－素质教育－中国 Ⅳ. ①D422.6

中国国家版本馆CIP数据核字（2024）第030238号

从 书 名　“全民科学素质提升”丛书
书　　名　科技强农助振兴——农民科学素质提升手册
作　　者　胡春梅　李英
出版发行　南京出版传媒集团
南 京 出 版 社

社址：南京市太平门街53号　　邮编：210016
网址：http://www.njcbs.cn　　电子信箱：njcbs1988@163.com
联系电话：025-83283893、83283864（营销）　025-83112257（编务）

出 版 人　项晓宁
出 品 人　卢海鸣
责任编辑　张　龙
装帧设计　石　慧
责任印制　杨福彬

排　　版　南京新华丰制版有限公司
印　　刷　南京凯德印刷有限公司
开　　本　787 毫米 × 1092 毫米　1/16
印　　张　12.25
字　　数　160千
版　　次　2024年5月第 1 版
印　　次　2024年5月第 1 次印刷
书　　号　ISBN 978-7-5533-4642-7
定　　价　48.00 元

用微信或京东APP扫码购书

用淘宝APP扫码购书

·总　序·

党和国家高度重视科普和科学素质建设。党的十八大以来，习近平总书记多次就科普和科学素质建设作出重要论述，形成了“科技创新、科学普及是实现创新发展的两翼，要把科学普及放在与科技创新同等重要的位置”——“两翼理论”，为科学素质建设提供了根本遵循。2021年6月，国务院印发《全民科学素质行动规划纲要（2021—2035年）》，为把科普和科学素质建设事业引向深入奠定了坚实基础。

科普是科技生产力的建设范畴，是实现科技自立自强的必然要求。当今世界，信息、生命、制造、能源、空间、海洋等原创突破为前沿技术、颠覆性技术提供了更多创新源泉，科学技术从来没有像今天这样深刻影响着人民生活福祉，科学技术发展需要广泛的公众理解和积极的社会参与。

科普是科学文化的建设领域，是提高社会文明程度的重要方法。科普及其所蕴含的科学精神的弘扬、科学思想的传播、科学方法的倡导，是科学实现其社会文化职能的重要形式，对于中华传统文化创造性转化、创新性发展有着积极的促进作用。

科普是全社会的共同任务，是提升人的科学素质的重要路径。科普涉及科技成果转化提炼、传播、消化吸收等诸多环节，是社会公益性事业。实施科学技术的教育、传播和普及，提高全民科学素质，形成学科学、用科学的良好风尚，需要全社会共同努力。

科普是南京建设人民满意的社会主义现代化典范城市的必然选择。建设典范城市需要大力培育城市创新文化，营造鼓励创新、宽容失败的社会氛围。普及科学知识、弘扬科学精神，有利于形成创新创造的人文社会基础。

科普的重点在基层、难点在社区。提高基层科普专兼职工作者的职业素养，以重点人群科学素质带动全民科学素质增强是今后相当长一段时期科普工作的重点。为将全民科学素质建设任务落到实处，南京市科协组织编写了“全民科学素质提升”系列丛书。

本套丛书采用“1+5”的体例，共6种图书。其中“1”，主要是针对基层社区科普专兼职工作者，以培训提高他们的职业素养为目的；“5”，则是针对青少年、农民、老年人等5类重点人群，这5类人群在全民科学素质建设中起着至关重要的作用。本套丛书有一个鲜明的特点，即深度挖掘、服务中心、贴近基层。丛书深度挖掘了科普工作的特点和规律，彰显了科普在经济、政治、文化、社会和生态文明建设方面的价值，丰富了新发展阶段科普事业发展的内涵；丛书围绕“双减”“乡村振兴”“新时代文明实践中心”“基层治理体系和治理能力”等党和政府关心的重点工作谋篇布局、解答问题；丛书立足南京基层案例，着眼解决现实工作中急需解决的一些现实问题。相信本套丛书一经面世，必将产生积极的社会影响。

应邀为本套丛书写序我感到非常高兴。我曾长期在高校教育科研一线工作，深知科研成果转化之难，也深知将科研成果转化为可资应用的科普资源的不易。促进科技成果转化为现实生产力，促进公众对科学的理解，科学家群体责无旁贷。我结合实际，将一些对科普和科学素质建设的认识和感悟写下来，并以此为序，不当之处，敬请读者朋友批评指正。衷心希望本套丛书能为繁荣南京科普创作事业、提高全民科学素质增砖添瓦。

中国工程院院士
南京市科协副主席
南京林业大学原校长

·前　言·

习近平总书记在党的二十大报告中提出，“加快建设农业强国，扎实推动乡村产业、人才、文化、生态、组织振兴”。作为农民的儿女，我拥抱着生我养我的华夏大地，深爱着春播秋收、朴实无华的中国农民，热爱着塑造了中华农耕文明的农业事业。

农民是农耕文明的创造者。千百年来，农耕文明是中华民族传统文化最基础、最重要的物质载体，其中的农业时令、农业用具、农业技艺及丰富的农业作物，经过几千年的传承与发展，均成为中华农业文明的重要内容。

农民是农业生产的生力军。农业实践是中华文明最重要的组成部分。千年耕耘，中华民族不仅造就了“教民稼穑、尝遍百草”的神农氏等古代圣贤；华夏大地，更孕育了“锄禾日当午，汗滴禾下土”中吟咏的千千万万辛勤劳作的平凡农人。他们代代相传，推动了农业生产的稳定发展和不断进步。

农民是国家粮食安全的捍卫者。在中国历史发展的漫漫长河中，农民和农业为民族厚植“沃土”，孕育了中华文明，使其延绵传承，青春永续，这在人类历史上绝无仅有。如今，农民不但肩负着为社会提供丰富的农产品的重任，同时还承担着保证粮食安全，为全面建设社会主义现代化国家保驾护航的时代使命。

强国必先强农，强农不仅要靠科学技术的创新，更需要农民科学素质的提升。正因如此，在乡村振兴战略在全国逐步推进的过程中，提升农民科学素质成为农村、农民工作的重要任务之一。政府大力培育新农民，帮助农村基层干部、农村务农和留守人员、农业大户、回乡创业的人员等不断提升科学素质，学习产业经营策略，树立农民工匠精神，共同为建设新时代的美丽乡村而努力奋斗。

本书结合乡村振兴的时代要求，从美丽乡村建设需要关注的国家政策谈起，介绍了美丽乡村规划的基本方法和原则，美丽乡村建设需要注意的主要事项。在产业振兴方面，引入了农业现代化、智慧农业、有机农业等热点话题，重点介绍了农业品牌的打造、家庭农场和民宿产业的经营，以及现代化畜禽养殖等技术和知识。在农村精神文明建设方面，本书还从法律层面、乡土文化传承等方面进行了简要的梳理，希望能够帮助农民朋友更好地行使和保护好自己的权利，提升自身素质。为了帮助农民经营各项产业，我们还推荐了几个比较权威的农业信息网站和一些实用的与农业相关的App，希望能帮助农民朋友们跟上信息化大潮的步伐，更好地为乡村振兴服务。

乡村振兴的号角已经吹响，新农民作为乡村的主人，必须端牢中国饭碗，努力提高自身科学素质，明确肩负使命，提升发展本领，齐心协力建设美丽家园，在新时代的沃土上大展身手，为农村繁荣、农业发展和农民富裕作出新贡献。

能参与这本书的编写，我感到十分荣幸。南京市科协和南京出版社相关专家的超前策划、充分交流，对本书的完成起到了极大的促进作用。工作中，他们始终表现出高度的敬业精神，创作时，他们一贯秉承严谨的科学态度，充分展现出当代科普工作者的匠心，在此对他们致以崇高的敬意。本书中的不足之处，也敬请读者朋友们批评指正。

编者

目　录

第一篇　美丽乡村

第二篇　生产经营

第一篇 01

美丽乡村

“美丽乡村”的来龙去脉

乡村是人们共有的文化根脉和精神家园，乡村美、家乡美，是世世代代国人梦寐以求的美好愿景与期许。作为美丽中国建设的重要组成部分，美丽乡村建设是全面建成小康社会的重大举措，是在生态文明建设全新理念指导下的一次农村综合性变革，是顺应社会发展趋势的升级版的新农村建设。它既秉承和发展了“生产发展、生活宽裕、乡风文明、村容整治、管理民主” 的宗旨思路，又顺应和深化了对自然客观规律、市场经济规律、社会发展规律的认识和遵循，更加关注人与自然和谐相处，更加关注农业发展方式转变，更加关注农业功能多样性发展，更加关注农村可持续发展，更加关注保护和传承农业文明，是持续推进乡村振兴、完善乡村治理的重要手段。

社会主义新农村建设历程

中华人民共和国成立初期，全国 89% 的人口居住在农村，农业和手工业产值在国民经济总量中的比重高达 90%，人均国民生产总值低，因此，解决几亿人口的吃饭问题成为当时党面临的头等大事。当时新农村建设的主要任务是依靠自力更生，通过合作化的方式，改善农村生产生活的基本条件和服务，发展农业尤其是粮食生产，保障基本需求。这个阶段新农村建设思想集中体现在《1956 年到 1967 年全国农业发展纲要（草案）》（以下简称《纲要》）中。《纲要》于 1956 年 1 月以草案形式颁布，后来又作了一些必要的修改和补充，在同年 10 月颁布了修正草案。1960 年 4 月，国务院副总理谭震林在第二届全国人民代表大会第二次会议上作政府工作报告时，称《纲要》是建设我国社会主义新农村的一个群众性纲领。这次会议之后，党的好多关于农村建设的文件都提到“社会主义新农村”的概念，可是在当时的历史条件下，“新农村”更多的是体现新中国关于农村建设的一种愿景。

1981 年中共中央、国务院转发国家农委《关于积极发展农村多种经营的报告》的通知中提出“建设一个农、林、牧、副、渔全面发展，农工商综合经营，环境优美，生活富裕，文化发达的新农村”。1984 年中央一号文件中明确提出“国营经济各部门、各行业都要大力支援农业”，“与农民共同建设农村的物质文明和精神文明，为促进商品生产发展、加强工农联盟、建设社会主义新农村做出新

的贡献”，明确了社会主义新农村建设的重要性及党组织领导这项工作的重大意义。

1998 年 10 月，党的十五届三中全会《中共中央关于农业和农村工作若干重大问题的决定》中提出：全面推进农村经济发展和社会进步，建成富裕民主文明的社会主义新农村，《决定》明确了建设中国特色社会主义新农村的目标。1999 年，林毅夫提出启动农村消费市场，并主张开展“新农村运动”。他也因此被认为是最早提出新农村建设理论的学者。

2005 年 10 月，党的十六届五中全会明确提出建设社会主义新农村的重大历史任务，提出了“生产发展、生活宽裕、乡风文明、村容整洁、管理民主”的具体要求。2005 年 12 月 31 日发布的《中共中央国务院关于推进社会主义新农村建设的若干意见》中指出，各级党委和政府必须按照党的十六届五中全会的战略部署，始终把“三农”工作放在重中之重，切实把建设社会主义新农村的各项任务落到实处，加快农村全面小康和现代化建设步伐。

2007 年 10 月，党的十七大提出“要统筹城乡发展，推进社会主义新农村建设”，进一步提出建设生态文明的新要求，把到 2020 年成为生态环境良好的国家作为全面建设小康社会的重要目标之一。2012 年 10 月，党的十八大报告中提出要“大力推进生态文明建设”，“努力建设美丽中国，实现中华民族永续发展”。这是

美丽中国首次作为执政理念出现，也是五位一体格局形成的重要依据。

在2013年年底召开的中央农村工作会议上，习近平总书记强调：“中国要强、农业必须强；中国要富、农民必须富；中国要美、农村必须美。建设美丽中国，必须建设好‘美丽乡村’。”此后，在2014年3月出台的《国家新型城镇化规划（2014–2020年）》中，“美丽乡村”被再次提到。文件中明确提出要建设各具特色的美丽乡村。

纵观与社会主义新农村建设、美丽乡村有关的政策和理论发展过程，可以看出，从社会主义新农村建设，到美丽乡村建设，既是乡村建设的“版本升级”，更是乡村发展的“美丽蜕变”。

美丽乡村建设蓬勃兴起

2013年中央一号文件《中共中央国务院关于加快发展现代农业进一步增强农村发展活力的若干意见》提出：加强农村生态建设、环境保护和综合整治，努力建设美丽乡村。2014年中央一号文件再次提出要大力整治农村居住环境。2014年3月出台的《国家新型城镇化规划（2014–2020年）》明确提出：要建设各具特色的美丽乡村。随后美丽乡村建设成为高频词汇。国家在2018年发布了《美丽乡村建设评价》（GBT37072–2018），明确将美丽乡村定义为：“美丽乡村”（beautiful village），是指经济、政治、文化、社会、生态文明建设协调发展，规划科学、产业兴旺、生态宜居、乡风文明、治理有效、生活富裕的可持续发展乡村（包括建制村和自然村）。

2023年发布的《中共中央国务院关于全面推进美丽中国建设的意见》中明确指出，建设美丽中国是全面建设社会主义现代化国家的重要目标，是实现中华民族伟大复兴中国梦的重要内容。《意见》还将打造美丽乡村列为“美丽系列”建设工作中的一项重要内容。因此，美丽乡村建设既是实现“美丽中国”目标的重要路径和内容，也是农村生态文明建设的目标。

在新时代，美丽乡村也被赋予新的内涵，美丽乡村既体现了祖国强大、人民富裕的社会属性，也强调了山清水秀、环境优美的生态属性。美丽乡村应是新农村的升级应用版，是美丽中国的农村版。它蕴含了此前新农村建设的“生产发展、生活宽裕、乡风文明、村容整洁、管理民主”的宗旨原则，继承和完善了相关方针政策，又强调把生态文明建设放在突出地位，融入经济建设、政治建设、文化建设、社会建设各方面和全过程。它既与新农村建设的宗旨思路一脉相承，也响应时代的要求，致力于解决人民的现实需求，反映了党始终以人民为中心，坚决改善人民尤其是广大农民生活质量的决心和使命感。

从美丽乡村建设到乡村振兴

第一，美丽乡村建设与乡村振兴战略两者共同构成了新时代农村发展方略，有助于突破当前的发展瓶颈，维持我国经济长期稳定发展。美丽乡村和乡村振兴

是党中央在全面建成小康社会的关键时期提出的重大战略部署。二者理论思想同根同源，良性互补，共同构筑起新时代乡村发展的战略架构。

第二，美丽乡村建设为乡村振兴提供了外部支持，乡村振兴为美丽乡村建设提供制度保障。美丽乡村是中国农村未来发展的愿景和归宿。美丽乡村建设作为“美丽中国”建设的重要组成部分，是全面小康在农村的形象表达，只有把广大乡村建设成为生态宜居的“美丽乡村”，才能真正实现“美丽中国”。美丽乡村建设是通过改善农村居民的生产生活环境，提升农民的生活品质，是生态文明建设的发力点和实施乡村振兴战略的切入点。二者共同构成乡村发展体系的内外部环境，契合互动，为我国乡村高质量发展提供强有力的动能。

第三，乡村振兴战略是以习近平同志为核心的党中央着眼于决胜全面建成小康社会、全面建设社会主义现代化国家作出的重大战略决策，是党和国家对农村发展问题的具体战略部署，是新时代“三农”工作的总抓手，是推动城乡融合发展和通往美丽乡村梦想的重要制度保障，为最终实现“产业兴旺、生态宜居、乡风文明、治理有效、生活富裕”的总体目标保驾护航。

美丽乡村建设的新实践

“十一五”和“十二五”期间，全国很多省市按党的十六届五中全会的要求，为加快社会主义新农村建设，纷纷制定美丽乡村建设计划并付之行动，并取得了一定的成效。例如，2008 年浙江省安吉县正式提出“中国美丽乡村”计划，出台《建设“中国美丽乡村”行动纲要》，提出用 10 年左右时间，把安吉县打造成为中国最美丽乡村。浙江省制定了《浙江省美丽乡村建设行动计划》，广东省增城、花都、从化等市县从 2011 年开始也启动美丽乡村建设，2012 年海南省也明确提出推

进“美丽乡村”工程。“美丽乡村”建设已成为中国社会主义新农村建设的代名词，全国各地掀起美丽乡村建设的热潮。

南京市坚持全域推进美丽乡村建设，美丽宜居乡村建成率全省第一，绘就了一幅全域美丽乡村崭新画卷，探索出一条具有南京特色的美丽乡村振兴之路。2013年南京市率先全面推进美丽乡村建设以来，先后完成了7992个自然村落的环境整治工作，乡村换新颜。截至2023年年底，南京累计建成省级特色田园乡村81个、市级以上美丽乡村2802个（其中示范村500个），成功培育省级农村人居环境整治提升示范区2个、生态宜居美丽示范街道10个、宜居宜业和美乡村（社区）77个。获得“国家级”美丽休闲乡村的村达到10个，美丽乡村已成为南京精美的城市名片和彰显城市竞争力的重要品牌。

建设美丽乡村，规划先行

乡村是具有自然、社会、经济特征的地域综合体，承载着农民的生产、生活、生态和文化等多种功能，与城镇相互促进，协调共存，共同构成人类活动的主要空间。乡村系统是乡村经济、社会和生态等各方面的融合，可以分为乡村自然环境系统、经济系统、社会系统和聚落系统。在我国，乡村星罗棋布地遍布全国各地，依托其丰富的资源，为社会创造了丰富的各类生活产品，也承载了城市不可替代的自然功能和社会功能。

党的十九大报告提出，要树立和践行“绿水青山就是金山银山”的理念，坚定走生产发展、生活富裕、生态良好的文明发展道路，建设美丽中国。而美丽乡

村建设是美丽中国战略的重要组成部分，乡村的发展和建设关系着全国的发展和建设大局，没有美丽乡村建设，就不会实现建设美丽中国的战略目标。所以，推进美丽乡村建设，意义重大，使命光荣。

美丽乡村建设的内涵

美丽乡村，不仅仅要求外观美，更要有其内在美。山清水秀但贫穷落后不是美丽乡村，强大富裕但污染严重也不是美丽乡村。美丽乡村不仅能使旅客游人一见钟情，更要让生于斯、长于斯的居民深情厚爱。只有通过内涵建设，才能让人们“情”系乡村，这就需要科学规划，制定乡村未来的发展目标，确定实现这些目标的途径和步骤，并以此为依据推进乡村建设，完善乡村的多种功能。

科学规划是基础

美丽乡村建设，科学规划是基础。美丽乡村，从外在来看，即形象美、形态美；从内涵来看，乡村应具备宜居、宜业、可持续发展等特征。而外在和内涵统一协调发展必须用规划设计来实现、来优化。

美丽乡村建设的科学规划是指依据农业系统构成、景观美学、农业区位、循环农业与可持续发展等理论的要求，拟定乡村未来发展的目标，制定实现这些目标的途径、步骤和行动纲领，并据此对乡村建设进行调控从而引导乡村最终走向发展和兴旺。

农民富足是内在要求

要使农民富足，应针对乡村的产业现状，进行策划和规划，培育特色主导产业，调整产业结构，提升产业层次，增加就业岗位，提高农民的经济收入，实现乡村的可持续发展。产业振兴是乡村振兴的重要物质基础。产业振兴是解决乡村一切问题的前提，乡村产业不振兴，其他方面的振兴则无从谈起。古语说得好：“授之以鱼，不如授之以渔。”政策支撑和财政支持，就好比“鱼”，

是营养的源头，为乡村产业的发展指明了方向。产业的振兴则是“渔”，是谋求发展的方法和路径。通过产业振兴，能激发乡村发展的内生动力，让农业成为极具吸引力的产业，让农民成为令人羡慕的职业。

和谐人居环境是保障

乡村是以人为中心的生活活动区，是人类与周围的自然环境和人工环境组成的一种特殊的人工生态系统，用以满足居民在居住、农业生产、教育、文化和交往等多方面的需要。乡村的环境决定了乡村的品质，生态环境不好，居住不舒适，健康也受到威胁。乡村要建设成为一个宜居宜业的地方，就必须关注乡村环境绿化、水源保护、垃圾、污水治理等问题。

生态振兴是重要支撑

乡村振兴必须处理好经济发展与资源生态的关系。总体思路是生态优先，绿色发展，准绳是坚持“绿水青山就是金山银山”的理念。乡村生态振兴，就是要实现乡村的绿色发展，打造山清水秀的乡村风光。只有建设成美丽乡村，才能进一步提高乡村的吸引力，推进乡村自然资源加快增值，将资源生态优势转化为经

济社会发展优势，使“绿水青山”真正转化为“金山银山”。

文化振兴是基石

在乡村文化方面，美丽乡村建设，不是一味地追求现代化的特色，对于农村传统建筑风貌、淳朴的人文环境、农耕文化、传统手工艺、节庆传统活动、戏曲舞蹈等一些物质或非物质文化遗产要进行保护和传承。传承和发展优秀传统文化，对文化遗产进行有效保护和利用，是彰显美丽乡村地方特色、提升美丽乡村内涵的迫切需求。不同地域的乡村存在着不同的传统文化，它以其独特的魅力深深吸引和影响着当地的人民，包括建筑文化、民俗文化、饮食文化、语言文化等。

美丽乡村的规划与布局

美丽乡村规划是乡村相对全面的、长远的发展计划，是对乡村未来整体性、长期性、基本性问题的思考和设计，是未来的整体行动方案。科学规划有助于我们建设布局精美、生活和美、环境优美、生态优良、社会和谐的美丽乡村；有助于帮助乡村实现经济、社会、生态效益的最优发展。

乡村规划的内容

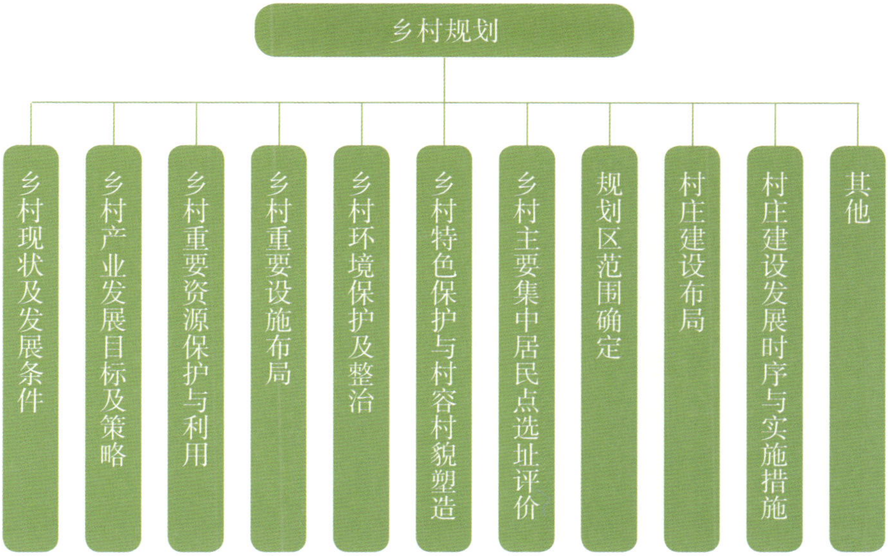

乡村规划的原则

我国《土地管理法实施条例》第三条规定：国土空间规划应当细化落实国家发展规划提出的国土空间开发保护要求，统筹布局农业、生态、城镇等功能空间，划定落实永久基本农田、生态保护红线和城镇开发边界。

这一规定明确赋予“三区三线”在国土空间规划中的法律地位。

“三区”中的农业空间指以农业生产和农村居民生活为主体功能，承担农产品生产和农村生活功能的国土空间，主要包括永久基本农田、一般农田等农业生产用地和村庄等农村生活用地；生态空间指具有自然属性的以提供生态服务或生态产品为主体功能的国土空间，包括森林、草原、湿地、河流、湖泊、滩涂、荒地、荒漠等；城镇空间指以城镇居民生产、生活为主体功能的国土空间，包括城镇建设空间、工矿建设空间及部分乡级政府驻地的开发建设空间。“三区”突出主导功能划分。

而城镇开发边界、永久基本农田保护、生态保护红线就是城乡空间规划中常说的“三线”。生态保护红线：是在生态空间范围内具有特殊重要生态功能、必须强制性严格保护的陆域、水域、海域等区域，是保障和维护国家生态安全的底线和生命线。永久基本农田：是按照一定时期人口和经济社会发展对农产品的需求，依据国土空间规划确定的不得擅自占用或改变用途的耕地。城镇开发边界：在一定时期内因城镇发展需要，可以集中进行城镇开发建设，重点完善城镇功能的区域边界，设计城市、建制镇以及各类开发区等。

在国土空间规划中划定“三区三线”，是党中央、国务院加强生态文明建设的重大举措。科学划分生产、生活和生态三大空间，合理界定建设用地、农业用地、生态用地，体现了生产空间集约高效、生活空间美丽宜居、生态空间山清水秀的美好愿景，是确保中华民族永续发展的基础。

2019 年，中共中央办公厅、国务院办公厅印发《关于在国土空间规划中统筹划定落实三条控制线的指导意见》，第一次从政策层面对三条控制线的划定和

冲突解决提出明确的指导意见。《意见》提出，要落实最严格的生态环境保护制度、耕地保护制度和节约用地制度，将三条控制线作为调整经济结构、规划产业发展、推进城镇化不可逾越的红线，夯实中华民族永续发展基础。要科学有序统筹布局生态、农业、城镇等功能空间，强化底线约束，优先保障生态安全、粮食安全、国土安全。

因此，无论是城市空间规划还是乡村规划，都必须严格遵守国家相关法律法规中的规定，如“三区三线”的总体规划原则。

除此之外，美丽乡村的总体规划应和土地规划、区域规划、乡村空间规划相协调，应当依据当地的经济、自然特色、历史和现状的特点，综合部署，统筹兼顾，整体推进。坚持合理用地、节约土地的原则，充分利用原有建设用地。在满足乡村功能上的合理性、基本建设运行上的经济性前提下，尽可能地使用非耕地和荒地，要与基本农田保护区规划相协调。

在规划中，还要注意保护乡村的生态环境，注意人工环境与自然环境相和谐。要把乡村绿化、环卫建设、污水净化等建设项目的开发和环境保护有机地结合起来，力求取得经济效益同环境效益的统一。

在规划中，要充分运用辩证法，新建和旧村改造相结合，保持乡村发展过程的历史延续性，保护好历史文化遗产、传统风貌及自然景观，达到创新与改造、保护与协调的统一。

美丽乡村规划也要与当地的发展规划相一致，要处理好近期建设与长远发展的关系。使乡村规模、性质、标准与建设速度同经济发展以及村民生活水平提高的速度相同步。

乡村规划的编制程序

乡村规划没有城市规划中复杂的交通组织和功能布局，但乡村规划中的基础设施完善、环境整治和公共空间重塑是非常重要的内容。与城市规划相比，乡村

规划需要解决的应是老百姓最关心的问题。乡村规划的实施主要是“调查→指引→互动→改进”的过程，其更加强调与村民的互动，听取他们的反馈，是以“自下而上”为主的发展指引的协商过程。

乡村规划的编制主要分为三个步骤，一是收集资料、编制规划方案和规划方案的审批与实施。其中，最主要的步骤是乡村规划的方案编制，一般包括图纸的绘制和说明书的编写。乡村规划应根据相关法律法规、技术规范与条例，以及上位规划对其的要求进行编制。编制乡村规划要求因地制宜、实事求是，充分调动群众参与的积极性，同时要满足当地经济社会发展、生态环境良好、人民群众安居乐业、可持续发展等需要。

乡村规划的审批与实施

根据《中华人民共和国城乡规划法》规定，乡、镇人民政府组织编制乡规划、村庄规划，应报上一级人民政府审批。村庄规划在报送审批前，应当经村民会议或者村民代表会议讨论同意。

一些新的建设政策，要先在有条件的村镇搞试点，形成经验后再推广。规划的实施还须将规划引导与政府组织相结合，同时做好规划的宣传工作。

美丽乡村之南京高淳

多年来，南京市高淳区政府结合当地的乡风文化，经过科学规划，充分利用国家乡村振兴的优越政策，建设和巩固、形成了集观光休闲、娱乐度假、生态农业于一体的综合旅游观光景区，不仅铸就了“美丽高淳”新品牌，树起了生态文明建设新标杆，而且收获了宝贵的“高淳经验”：

1. 科学规划，坚定绿色崛起

作为现代农村，高淳以农业为中心和主线，以保障国民经济各部门的有序平稳发展。结合建设国家城乡融合发展试验区和全国农村综合性改革试点试验区，奋力打造农业强、农村美、农民富的新时代鱼米之乡。

2. 持续保护，传承历史文化

高淳的文物古迹、人文景观遍布全境，见证了高淳悠久的历史：薛城遗址揭示了6000多年前新石器时代的人类文明；伍子胥率部开凿的胥河是世界上最早并且仍在发挥航运作用的人工运河等。“吴头楚尾”的特殊地理位置形成了高淳“吴韵楚风”的人文特色，深厚的历史文化积淀使高淳成为江苏省历史文化名城。

3. 传承非遗，展示人文风俗

一年一度的“金花节”，已经成为以“开放、发展、友谊、合作”为宗旨，集经贸洽谈、形象展示为一体的大型招商推介与商贸洽谈活动。高淳国际慢城金花旅游节在全国上百个“金花节”同场竞技的情况下，连续火爆 15 载，吸引了全国各地的游客赏花踏青之余，体验高淳慢城的特色文化风俗。

4. 美化环境，颜值提增产值

高淳各乡村还着力打造田园文化项目：青幽幽的有机茶园，白花花的牡丹园，紫盈盈的马鞭草，金灿灿的向日葵，千亩红枫和万亩油菜花等，形成了四季大地各不相同的艺术景观。稻花香里，鲜花、美食、美景，每一样都抓住了游人的心。

爱护环境，拒绝白色污染

随着城市化、现代化进程的不断加速，塑料制品因成本低、质量轻、防水、抗腐蚀、持久耐用等特性，受到了人们的广泛青睐。尤其是农膜的应用大幅度提高了农作物的产量，打破了农业生产季节限制，在促进寒冷季节农作物栽培方面发挥了极其重要的作用，带来的经济效益和社会效益十分显著。农用薄膜的大面积推广，远远看去，白茫茫一片。因此，塑料薄膜在农业中的应用曾被誉为白色革命。但由于缺乏有效的塑料回收利用技术，或者回收利用渠道不畅，导致使用

后的棚膜、地膜等塑料制品被弃置在生产环境或生活环境中，极易造成白色污染。

什么是白色污染

白色污染是对塑料垃圾污染环境现象的一种形象称谓。

白色污染通常指塑料制品如包装袋、农用地膜、一次性餐具、塑料瓶等，在使用后被弃置成为固体废物，由于这些塑料制品难以降解处理，随意乱丢乱扔，往往对生态环境和景观造成污染。

在农村，“地膜盖一盖，增收几百块”，这是庄稼老把式的一句口头禅。确实，从发展经济的角度来看，以保墒、增温、增产为显著特点的农用地膜，在蔬菜和经济作物种植生产上取得了突出的成效。但伴随着农用地膜的大面积推广，地膜残留造成的“白色污染”治理问题也日益凸显。

因为农用地膜多是高分子化合物聚乙烯，属于不可降解塑料，使用后如果不及时回收处理的话，会破坏土壤结构，影响农作物根系生长；丢在田间地头的残

膜，被风吹至房前屋后、田野树梢，不仅会影响村容村貌，而且可能造成更大的白色污染。

地膜污染事情虽小，但是国家却高度重视。《中共中央国务院关于做好2022年全面推进乡村振兴重点工作的意见》中明确提出，推进农业农村绿色发展。加强农业面源污染综合治理，深入推进农业投入品减量化，加强畜禽粪污资源化利用，推进农膜科学使用回收，支持秸秆综合利用。随着《意见》的提出，各级政府纷纷出台相应举措，倡议地膜生产经营者、销售者、使用者从我做起、从现在做起，科学使用标准或加厚高强度地膜产品，鼓励使用全生物降解地膜，主动清理农田残膜，科学回收处理，保护耕地土壤结构，改善农村环境质量，推动农业绿色发展。

白色污染的危害

白色污染带来的最直观的危害就是视觉污染。随意丢弃在环境中的各种塑料袋、餐盒等非可降解废塑料对环境的破坏称为视觉污染。除此之外，白色污染还会形成一系列潜在危害：

危害人体生命健康

在高温条件下，塑料会产生较多危害人体健康的物质，而聚乙烯是地膜、塑料袋的主要成分，人体长期接触该塑料中残留的单体聚氯乙烯，会引发一系列身体健康问题。为了使塑料更加稳定、耐用，还有一些不法制造商向其中违法添加稳定剂，如硬脂酸铅，该稳定剂不符合食品卫生标准，有毒。许多饭店外卖业务比较多，为了使顾客准时收到外卖，他们会将刚出锅的高温食物迅速用这种塑料袋或者塑料餐盒进行包装，若长时间食用这种包装的食物会引起慢性铅中毒。

污染环境

当前我国处理垃圾最主要的方法仍是填埋处理。但由于塑料垃圾特有的性质，对其进行填埋处理，不仅大量占用场地，而且因为塑料垃圾难降解，大大降低了填埋场地处理其他生活垃圾的能力；同时，填埋塑料垃圾后的场地由于地基松软，垃圾里面所带的病毒与细菌等其他有害物质非常容易渗透至地下，对地下水造成污染。尽管利用垃圾焚化炉焚烧塑料可进行发电，但是塑料燃烧会产生大量有害身体健康的有毒气体。若这些有毒气体不慎泄露到空气中，会破坏大气环境，严重影响人体健康。

影响农业生产

目前农村使用的不可降解塑料地膜以及各种塑料编织袋主要成分为发泡 PS（聚苯乙烯）、PE（聚乙烯）或 PP（聚丙烯），这些有机物的平均分子量均大于 2 万，而大自然中存在的微生物只能对分子量小于 2000 的物质进行分解，最

终将其转化为水或其他有机物，而这一分解以及转化过程至少需要 200 年。有些塑料制品的分子量更大，即使 200 年也不能彻底降解。

这些塑料废弃物残留在田间后，严重影响植物的正常生长。通常塑料碎片并不会被掩埋到土壤深处，而恰好处于植物生长层，田地土壤中长期含有塑料，会破坏土壤理化环境，阻挡土壤中水分流动，肥料被塑料制品隔离，阻碍水分和肥料的正常吸收，影响植物发芽、出苗，限制农作物根系生长发育，最终导致生长障碍，更甚者会出现烂种、烂芽以及苗坏死等情况，导致农作物断崖式减产。

防治白色污染的思路

加强宣传教育，增强环保意识

增强环境保护理念的宣传教育是预防白色污染的基础。充分利用电视、网络等媒体的教育作用，结合志愿者活动和图片，使公众意识到环保的重要性，践行环保理念。对于大部分乡镇和农村地区，政府应该扩大宣传和引导教育范围，最终使人们形成少用或者不用不可降解塑料袋的观念，养成不随意丢塑料垃圾，对生活所产生的塑料垃圾进行简单回收并加以利用的习惯。

运用法律手段，规范污染治理

制定颁布国家防治“白色污染”的有关法规，明确生产者、销售者和消费者回收利用废旧塑料包装物的义务和法律责任。同时，对塑料包装物的生产、经营、消费等各个环节，分别制定具体的控制措施和引导政策，控制不易回收利用的废旧塑料包装物的产生量，鼓励提高废旧塑料包装物的回收利用率。2020 年 1 月 16 日，国家发展改革委、生态环境部印发了《关于进一步加强塑料污染治理的意见》，旨在进一步加强塑料污染治理，建立健全塑料制品长效管理机制。

与以往塑料污染治理的相关政策相比，《意见》具有以下特点：

一是系统性。不同于以往政策仅对个别环节和个别领域做出规范，此次《意见》提出的政策措施基本涵盖了塑料制品生产、流通、使用、回收、处置全过程和各环节，体现出全生命周期管理的系统性和整体性，有利于建立形成治理塑料污染的长效机制。

二是协同性。《意见》既提出了禁止、限制类的管制要求，也明确了推广应用替代产品，培育优化新业态新模式，增加绿色产品供给，推进塑料废弃物规范回收和处置等系统性措施。

三是有序性。《意见》充分考虑了各地区和各行业的差异性，按照突出重点、有序推进的原则，分地域、分步骤、分领域，积极稳妥推进塑料污染治理整体工作。

研发和推广可降解塑料

从源头解决是防治白色污染的关键因素，必须大力研发可降解塑料。目前可降解塑料主要有以下四类：

光降解塑料：被太阳光照射后能发生自然降解的塑料为光降解塑料。如果失去光照，降解过程则停止。该塑料生产工艺简单、经济成本低，缺点是降解过程中受自然环境条件影响大，所以需要加入某些光敏剂，才可以产生较好的光降解作用。

生物降解塑料：理想的生物降解塑料是一种高分子材料，它不仅在保存期内保持性能稳定，而且使用后可通过细菌、霉菌（真菌）和藻类或各类微生物的作用，使塑料分子降解消失从而融入自然环境中，最终作为环境中碳素循环的一个组成部分。

光—生物双降解塑料：是在光和生物的作用下具有协同降解成效的一类塑料，是近些年研发的一种新型降解塑料。在光的作用下，塑料中大分子链迅速断裂，分子量迅速降低，然后通过大自然的微生物的发酵作用而引起降解。

全淀粉塑料：是指在一定条件下将淀粉结构无序化，使其具有热塑性，再加入微量的增塑剂等助剂，一般使用的增塑剂为水、甘油等。由于在全淀粉塑料中不添加传统的石油基塑料，其中淀粉含量在90%以上，而加入的少量其他物质也是无毒且可以完全降解的，所以全淀粉塑料是真正的可完全降解塑料。

切实有效解决白色污染问题，既要转变公众的消费习惯，提高环保意识。也要制定相应法律法规，运用法律手段规范人们的行为。同时要从源头出发，采用革新工艺，大力研发可降解塑料，助力绿色包装的普及，做好白色污染的绿色化防治，保护绿水青山，实现可持续发展。

垃圾分类，从你我做起

中国要美，农村必须美，美丽中国要靠美丽乡村打基础。与城市的功能有所区别，农村地区具有生产水果、蔬菜、粮食等农副产品的功能。只有安全的土壤、洁净的水和空气才能保证生产出质量安全的农产品，人们才能吃上健康的食品。因此要关注农村生活垃圾的问题。垃圾分类是“关键小事”，也是“民生大事”，事关千家万户的生活质量。

习近平总书记十分关心垃圾分类这件“关键小事”，多次实地调研基层开展垃圾分类工作情况，并对这项工作提出明确要求。2016 年 12 月的中央财经领导小组会议研究普遍推行垃圾分类制度，强调要加快建立分类投放、分类收集、分类运输、分类处置的垃圾处理系统，形成以法治为基础、政府推动、全民参与、城乡统筹、因地制宜的垃圾分类制度，努力提高垃圾分类制度覆盖范围。实行垃圾分类，

关系到广大人民群众生活的生活环境，有助于节约使用资源，也是社会文明水平的一个重要体现。要开展广泛的教育引导工作，让广大人民群众认识到实行垃圾分类的重要性和必要性，通过有效地督促引导，让更多人行动起来，培养垃圾分类的好习惯，全社会人人动手，一起来为改善生活环境做努力，一起来为绿色发展、可持续发展做贡献。

生活垃圾对农村生态环境的影响

伴随着农村经济的快速发展，生产与消费出现了分离，为了获得最大化的利润，物品从生产到消费过程中的中间环节越来越多，物品的流转速度也越来越快，垃圾的产生速度也不断加快，垃圾处理问题形势愈发严峻。农村生活垃圾问题已成为制约农村可持续发展不可忽视的限制因素。生活垃圾对生态环境的影响主要有以下几个方面：

污染土壤

未分类的垃圾中可能含有电池、灯管、电子产品等含有重金属的有毒有害物。这类物品与其他垃圾混合后，在物理反应和化学反应的作用下，可能产生重金属、有毒污染物等有害物质，随垃圾渗滤液渗入土壤后很难治理，还可能随着农作物的生长进入食物链，危害人体健康。

污染水源

大量的农村垃圾堆积在路边、田间地头及河道中，含有难降解的有毒污染物的垃圾渗滤液渗入土壤和地下水中，不仅造成水源污染，也会通过农业用水污染农作物，使污染物转移至农产品中，增加农产品的安全风险。

污染大气

农村垃圾在堆放过程中，细微颗粒、粉尘等随风飞扬，进入大气并扩散到很远的地方。特别是农村垃圾中有机物含量高，在适宜的温度和湿度条件下会发生生物降解，释放出沼气，在一定程度上消耗其上层空间的氧气，使植物衰败。有些有害物还可能在一定条件下发生化学反应，产生有毒气体，扩散到大气中，危害人体健康。

污染农民的居住环境

由于很多农村地区没有完善的垃圾收集与处理设施，很多垃圾被随意地丢弃在农民居住区的前后。春秋季节，风将生活垃圾中废弃的塑料袋、包装纸等物品吹得到处都是，而到了雨季，垃圾浸泡在雨水中，污水横流，异味熏天，蚊蝇成群，严重污染农民的生活环境。

随着我国农村地区城镇化进程的加快，农村垃圾也逐渐呈现出城市化的特点，垃圾产生的数量持续增多，垃圾成分越来越复杂，污染面不断扩大，污染危害日趋严重。农村生活垃圾已成为影响我国农村环境的重要因素，破坏了农村的土壤、空气、水体等生态环境，严重威胁到了村民身心健康，更制约着我国美丽乡村建设和乡村振兴战略的实施。

当人们开始认识到仅靠填埋、焚烧等方式并不能解决这个难题时，如何从源头进行垃圾减量与分类逐渐受到人们的关注，并成为处理垃圾问题最为有效的方法。

垃圾分类有学问

垃圾分类就是将垃圾按照其回收价值和对环境的污染程度的不同，按照“有害单放、餐厨分装、可用回收、投放易行”的原则进行分类，再对其进行收运、处理以实现生活垃圾减量化、资源化和无害化处置。

生活垃圾处理的最终目标都是“减量化、资源化、无害化”，但是由于农村不同地区经济发展水平、人文风俗、生活习惯、地理条件不同，垃圾的产量、组成成分等也存在着多方面的差异。农村生活垃圾成分复杂，含有有毒有害物的生活垃圾如果处理、处置不当，其中的有毒有害物在堆积过程中通过大气、土壤、地表或地下水体等环境介质进入生态系统，将对人体产生不可逆的危害，因此将有毒有害物从生活垃圾混合物中分离出来是很重要的。农村垃圾分类既要统一化，又要允许多元化，可以根据村庄的实际情况采取不同的垃圾分类处理方法，比如“分三类”“两桶一网箱”和“分四类”等多种分类方法，因地制宜地做好垃圾处理工作。

根据垃圾的来源和组成特点，生活垃圾可分为：有机垃圾、无机垃圾和其他垃圾三大类。

根据垃圾处理和利用的方法，依照《生活垃圾分类标志》（GB/T19095-2019），垃圾可分为四类：厨余垃圾、可回收物、有害垃圾和其他垃圾。“两桶一网箱”的运用和“分四类”的方法大体一致，只是没有把“其他垃圾”单独分列出来。

厨余垃圾

厨余垃圾也被称为“湿垃圾”，指的是居民日常生活及食品加工、饮食服务、单位供餐等活动中产生的垃圾，包括丢弃不用的菜叶、剩菜、剩饭、果皮、蛋壳、茶渣、骨头（鸡骨、鱼刺类）等，其主要来源为家庭厨房、餐厅、饭店、食堂、市场及其他与食品加工有关的行业。厨余垃圾含有极高的水分与有机物，很容易腐坏，产生恶臭。经过妥善处理和加工，可转化为新的资源，高有机物含量的特点使其经过严格处理后可作为肥料、饲料，也可产生沼气用作燃料或发电，油脂部分则可用于制备生物燃料。

可回收物

可回收物是指生活中产生的未污染的适宜回收的可资源化利用的废弃物，包括废纸、废塑料、废玻璃、废金属、废包装物、废旧纺织物、废弃电器电子产品等。农村垃圾中，有 28.26% 为可回收物，这些物品包括塑料类（12.70%），纸张类（11.07%），织物类（2.46%），金属类（1.76%）和玻璃类（0.27%）。投放可回收物时，应注意轻投轻放，投放物清洁干燥，避免污染，废纸尽量平整，有尖锐边角的，应包裹后投放，立体包装需清空内容物，清洁后压扁投放。

有害垃圾

有害垃圾是指对人体健康或者自然环境造成直接或者潜在危害的生活垃圾。常见的有三小类：灯管、家用化学品和电池。

灯管类。居民日常生活中产生的废荧光灯管、废水银温度计、废血压计等。常见的有废弃的节能灯（含水银）、含水银的 LED 灯、废荧光灯管。

家用化学品。居民日常生活中产生的废药品及其包装物、废杀虫剂和消毒剂及其包装物、废油漆和溶剂及其包装物、废矿物油及其包装物、废胶片及废相纸等。

电池。居民日常生活中产生的废镍镉电池和氧化汞电池等。

其他垃圾

其他垃圾是指除可回收物、有害垃圾、厨余垃圾以外的所有垃圾。主要包括受污染与无法再生的纸张、受污染或其他不可回收的玻璃、塑料袋与其他受污染的塑料制品、废旧衣物与其他纺织品、破旧陶瓷品、难以自然降解的肉食。

一些垃圾的分类比较难，还需要细致分析。如：

嚼过的口香糖：不属于可回收物，也不属于厨余垃圾，应该归到其他垃圾里。

用过的塑料袋：用过之后没有清洗，则放到其他垃圾里。

外卖包装盒：未吃完的食物残渣部分属于厨余垃圾，而包装外卖的纸质包装盒则属于其他垃圾。

该类垃圾危害较小，但无再次利用价值，目前尚无有效化解的好方法，普遍采用卫生填埋方式处置，应尽量减少产生量。

垃圾分类的方法

按照生活垃圾“减量化、资源化、无害化”的原则，从垃圾产生的源头进行分类，对不同性质的垃圾分别采用适宜的方法进行处理，使不同种类的垃圾均能加以利用。

根据农村生活垃圾的特点和生活垃圾的处理方式，有些地区采用的“两桶一网箱”的分类方法值得借鉴。其可减少垃圾运输费用，简化垃圾处理工艺，降低垃圾处理成木，有效实现生活垃圾的减量化和资源化。采用“两桶一网箱”进行源头分类的农村生活垃圾在运送至生态站后再进行二级分类，然后对二次分类的垃圾进行资源化处理。

两桶一网箱

“两桶一网箱”是指将生活垃圾分为三类的分类方法，包括可堆腐物、可回收物和有毒有害物三大类。

（1）可堆腐物（绿色桶）。泛指生活垃圾中可在微生物的作用下发生发酵、腐烂、降解等生化过程而制成有机土的物质。如：厨余垃圾，水果、蔬菜，枯枝落叶，农作物秸秆，动物骨头、内脏、粪便，庭院灰土、煤灰、少量煤渣和砖头等。

（2）可回收物（蓝色桶）。泛指便于分离回收、循环利用和加工再利用的废弃物。如：生活物品，塑料，橡胶，皮革，织物，鞋类，金属，玻璃瓶，陶瓷器皿，包装盒，书报、杂志，牙膏皮，雨伞，瓶盖，家具，家电等。

（3）有害垃圾（黄色网箱）。有害垃圾，是指对人体健康或者自然环境造成直接或者潜在危害的生活垃圾，包括废电池，废荧光灯管，废温度计，废血压计，废药品及其包装物，废油漆、溶剂及其包装物，废杀虫剂、消毒剂及其包装物，废矿物油及其包装物，废胶片及废相纸等。具体如：各种电池，灯管、灯泡、水银温度计、暖瓶胆，小电器、线路板、电子元器件，手机，油漆桶，化妆品，鞋油、鞋刷，杀虫剂，美发用摩丝等起泡瓶，医疗垃圾等。

对于 30% 以上农户采用煤球类燃料取暖和做饭的村庄，设置可增加一类“可填埋物”分类桶，煤灰、煤渣和砖头为“可填埋物”。此分类方法不含建筑垃圾，建筑类垃圾统一进行集中处理。

二级分类法

二级分类法指将按照“两桶一网箱”的方法进行源头分类的农村生活垃圾运送至生态站后进行二级分类，筛除可堆腐物中不能进行培肥的物料，对可回收物进行再次分类后，进行资源化利用，有毒有害物送至专门的处理机构进行处理，

对不能处理或利用的剩余废弃物运送至垃圾填埋场进行规范填埋。

生态站

生态站是指对生活垃圾进行二次分类和资源化处理的场所，主要功能如下：

（1）将生活垃圾中的可堆腐物部分进行全封闭式静态好氧发酵无害化处理成有机土。

（2）将生活垃圾中的可回收物部分进行二次分类，使其资源化。

以服务 3 万人规模设计，占地面积 10 000 平方米，其中车间和办公建设用地 800 平方米。处理可堆腐物规模为 10—20 吨 / 日。主发酵车间须为封闭式，建有除臭及滤液处理设施。场区周边建设至少 2 米宽的绿化防护带。

采用“两桶一网箱”模式的垃圾回收，需要一定人力物力配置，基本配置标准见下表：

“两桶一网箱”模式运行配置标准

	标准	容积	颜色、材质
户分类桶	2 个 / 户	20 L/ 个	可堆腐物：绿色、铁质桶 可回收物：蓝色桶
中转分类桶	2 个 /100 人	240 L/ 个	可堆腐物：绿色、铁质桶 可回收物：蓝色桶
有毒有害物网箱	3 个 /1000 人	0.75 m^3/ 个	黄色、铁质网箱
密闭垃圾运输车辆	1 辆 /2000 人	约 4 m^3	——
保洁员	4 名 /1000 人	——	——
清运员	1 名 /1000 人	——	——

观光农业助力美丽乡村建设

随着生活水平的提高，越来越多的人渴望走进自然、走进田园，寻找返璞归真的体验，享受悠闲而恬静的生活。于是从郊野景色的欣赏和果品的采摘活动开始，发展到吃农家饭、住农家院，这推动了旅游业的创新和发展，也促进了全国范围内观光农业的全方位建设与开发。

什么是观光农业

观光农业是指广泛利用农村地区的空间、农业的自然资源和人文资源，以市场经济为主导，以现代科学为支撑，以金融资本为基础，通过合理规划、设计、

施工，建立具有农业生产、生态、生活于一体的农业区域，在实现高科技、高效益、集约化、市场化的现代经营活动的同时，美化景观，保护环境，提供观光旅游并可持续发展的新型农业。它是我国现代农业的重要组成部分。

观光农业在我国的出现与发展，使农业生产得以拓展，促进了传统农业向现代农业的转型，农产品附加值提升，农民增收，就业扩大，为保护自然资源、优化农业生产结构，带动农村教育、卫生、交通的发展，推动现代农业经济体系建设，最终实现小康社会的宏伟目标发挥了重要作用。发展观光农业不仅推动了乡村特色经济的繁荣，也促进了我国美丽乡村的建设。

观光农业的特征

随着观光农业的发展壮大，不同乡村依据自身的产业特点，形成了各具特色、种类丰富的业态，如：观光种植业，观光林业，观光牧业，观光渔业，观光副业、观光生态农业、高科技农业园、民俗文化园等；观光农业也衍生出多种功能，如观赏型、品尝型、购物型、务农型、娱乐型、疗养型和度假型等观光农业。多样化的业态和功能赋予观光农业丰富的内涵。由于观光农业具有农业和旅游业的双重属性，所以它具有以下特征：

生产性

观光农业具有农业生产的特点，可以提供绿色和特色农产品，满足人们的物质需要。

观赏性

这里是指具有观光功能的农作物、林草、花木和饲养动物等。通过观光活动，使游人体验大自然的意趣。

参与性

让游人参与农业生产活动，使其在农业生产实践中，学习农生产技术，体验农业生产的乐趣。

文化性

观光农业所涉及的内容，具有丰富的历史、科学、民俗、文学等内涵，利用这些有意义的文化资源，可以设计多种多样的观光农业项目，从而吸引更多的游客。

娱乐性

这里是指依托某些作物生长区或动物养殖区修建娱乐中心、表演场，可供人们欣赏和娱乐。

市场性

观光农业主要是为那些不了解、不熟悉农业和农村的城里人服务的，观光农业的目标市场在城市，观光农业经营者必须有针时性地、按季节特点开设观赏旅游项目，扩大游客来源。

观光农业的盈利方法

当一个设施齐备、功能完善的观光农业园区建成后，经营者必然期望它能带来经济效益。作为经营者，必须要考虑要引来多少游客，出售什么产品，可以获得多少利润。因此，如何科学地管理经营成为关键。一般来说，盈利的方式和途径主要有以下几种：

门票收入

观光农业的经营中，到底应该不应该收取门票？其实，收不收门票，门票收多少钱才合适，应当根据园区的内容价值而定。一般来说，以观光为主的园区可以收取门票；以采摘小型、高档果品为主的果园必须收取门票；以新、奇、特内

容为主的园区可以收取门票；以高新科技展示为主、有学习价值的园区可以收取门票，其他园区则不宜收门票。

观光采摘收入

在农副产品种植产业的发展中，许多地方都不断改进和提升产品的销售方式，由传统的市场批发、零售、就地销售转变为直接由顾客采摘。事实也证明，生产者自己摘着卖不值钱，而请观光客自己采摘，价格就会明显提升，因为其中包括了游客在采摘时所带来的心情愉悦和收获体验的价值。调查结果也表明，游客在采摘时，心情是十分愉快的，对果品价格高低关注度相对较低，更多关注果品的种类、颜色、风味和珍稀与否等因素。随着观光农业的发展和更多观光园区的建立，各地的观光采摘收入显著增加。

度假休闲收入、场地出租收入

度假休闲收入主要来自住宿、农事体验及休闲活动。场地出租主要指的是本地或外地的市民或企业通过承包或合作经营的方式，租用一块园地发展观光农业，包括度假村建设、餐饮投资等。

餐饮收入

享受美食是许多人生活中的一种重要喜好和追求，这一点也被一些有经营头脑的人引入观光农业中。农家乐、民俗游也辅以农家菜为主的餐饮方式，多以经营当地的农家菜为主，特点是绿色、新鲜，现采现摘的果蔬，自家果园里刨食儿的草鸡，都成为真正的健康食材。

农产品销售收入

观光农业的发展可以促进当地的农产品生产与销售。一种是提供的采摘型农

副产品，如瓜果、蔬菜、草鸡蛋等；另一种是经过加工后的农副产品，如青梅、果酒、果脯和蜜饯等。

地方特色工艺品开发及销售收入

随着观光农业的兴起，人们已不满足于基本的吃、住、玩乐和购买当地的农副产品，而转向关注具有当地浓郁地方风情的工艺品。因为观光农业与旅游紧密相关，而文化是观光农业的灵魂，观光农业是文化外在价值的体现，必须依托文化产品为观光农业提质增效。因此开发并生产相关的地方特色工艺品也是扩大观光农业收益的重要渠道。

南京傅家边科技园观光农业

南京山凹村，是南京傅家边科技园内的一个村，因为“镶嵌”在溧水无想山深处，地理位置偏僻，交通不便，一度是当地的落后村。傅家边科技园创建后，山凹村在南京农业大学的果树专家指导下，率先种起了草莓，先后从苏州等地引进青梅，建了35亩梅园，而后又从美国、日本等国引进黑莓、草莓、蓝莓、梅花等数百个品种，“五梅（莓）”经济逐渐叫响。随后，进一步发展了以梅文化为主线的梅花观光旅游、水果采摘品尝旅游、高科技农业科普旅游、欢乐农家度假旅游，一下子带火了山凹村。除了卖鲜果，他们还把草莓、黑莓制成果干、果汁，青梅做成青梅酒、青梅精等衍生产品，在梅树下套种茶叶开发出风味独特的梅花茶。

我国的观光农业自20世纪80年代开始发展以来，历经了40余年，由最初小规模的观光果园形式，发展到科学规划指导下的集观光、休闲、娱乐、教育为一体的有组织的观光农业带，走向了多元化、多层次的规模化经营，成为国际文游业发展的重点。从理论意义上讲，观光农业改变了农业原来仅专注于土地本身耕作的单一经营思想，拓宽为旅游业与农业结合的新型产业模式；就实践意义而言，观光农业在农业与旅游业的最佳结合点上做文章，既可促进我国农业的高质量发展，也顺应了世界生态旅游发展的趋势，成为美丽中国建设里程中靓丽的风景线。

参考文献

[1] 熊春，董志崇，张新平，等 . 乡村振兴视野下美丽乡村建设路径研究 [J]. 中国管理信息化，2020，23（7）：152–153.

[2] 任军 . 中国古代乡村治理研究的学术回顾与探讨 [J]. 洛阳师范学院学报，2023，42（1）：64–71.

[3] 冯婷 . 乡村振兴背景下高淳区村庄类型识别与发展策略研究 [D]. 南京师范大学，2021.

[4] 吴蕾 . 我国区县文化产业发展模式研究——以南京市高淳区为例 [D]. 南京: 东南大学，2016.

[5] 史青山 . 浅析南京市高淳区农村一二三产业融合发展 [J]. 上海农业科技，2021（3）：4–6.

[6] 李文波 . 白色污染的现状分析及其绿色化防治 [J]. 当代化工研究，2022，（3）：60–62.

[7] 丁丽媛，葛峻杰，王潇然 . 浅谈废弃塑料的危害及解决之道 [J]. 资源节约与环保，2019，（9）：19.

[8] 焦楠，牛娜 . 乡村振兴背景下农村生活垃圾治理研究进展 [J]. 新农业，2024，（04）：67.

[9] 吴春蕾 . 乡村振兴战略背景下农村生活垃圾治理问题研究 [J]. 农村实用技术，2024，（04）：62–63

[10] 邱阳 . 城市观光农业园景观规划设计研究 [D]. 长江大学，2022.

[11] 范海军 . 让土地整理书写美丽乡村新篇章 [J]. 资源与人居环境，2021，（06）：31–33.

02 第二篇

生产经营

释放动能，产权交易促振兴

习近平总书记强调，要把实现好、维护好、发展好广大农民的根本利益作为农村一切工作的出发点和落脚点。土地是农民最为重要的财产。党的十八大以来，土地经营权制度成为深化农村改革的重点。党的十八届三中全会提出，“赋予农民更多财产权利”，“推进城乡要素平等交换和公共资源均衡配置”，“建立农村产权流转交易市场，推动农村产权流转交易公开、公正、规范运行”，我国新时代土地流转的改革序幕也随之拉开。之后的工作中，党和政府以此作为农村改革的抓手，发展农村产权交易市场，引导全国各地农村产权交易良性发展。

当前，农村产权交易，已经成为国民经济增长的一大亮点。以江苏省为例，至 2023 年底，农村产权交易市场交易额突破 2200 亿元，溢价金额超 68 亿元。有序地开展农村产权交易有利于切实维护农民的合法权益，有利于促进农村集体资产的流转，有利于加快农村资源的市场化配置，有利于农村产业的融合，有利于解决资本市场在行业、地域上发展不平衡的问题，有助于不断提高农村产业发展的质量。

农村产权及农村产权交易

产权是指经济主体（企业或个人）在法律范围内对特定财产客体的各项权利

的总和，包括所有权、占有权、使用权、收益权以及处置权等权利的集合。其中，所有权表明财产的最终归属关系；占有权是所有人对财产的实际控制或掌握的权利；使用权指所有权人依据财产性质和用途加以利用的权利；收益权指基于所拥有财产而获取的经济利益，且该权利获取建立在不损害他人合理利益基础上；处置权指在权利允许范围内对事物做出改变的决策权和进行出租或出售的转让权利。

产权交易是指发生在经济主体之间的并以其生产要素为主要内容的转让行为，这种行为是有偿的，是一种市场经营活动。

农村产权是我国建立在农村土地集体所有基础上的一种产权制度，主要指农村集体所有的资产、资源，主要包括宅基地使用权、农村土地承包经营权、集体资产使用权、林权、滩涂及水域养殖权、“四荒地”使用权，即农村集体土地及附属物的产权。农村产权交易是农村产权流转的主要形式，是农村产权制度改革、实现农村资产资本化的重要环节，在促进农民增收和农村经济繁荣中发挥着积极作用。

农村产权交易的新生态系统

与工业和商业的发展相比，农业的发展相对滞后。为了扭转这种局面，政府有关部门提出了农村产业融合发展的道路，即在社会生产分工基础上的融合发展，其核心使命是促进农业农村的和谐发展。农村产业融合可以通过农业内部融合、产业链延伸、功能拓展、新技术渗透、多业态复合、产城融合等途径来实现。农村产业融合给农业、农村与农民带来的好处是：交易成本低，资源利用率高，交易流通增加和宏观绩效提升。

我国经过多年探索与发展，产权交易模式在农业领域、工业领域、资本金融市场领域都得到大力推广，盘活了各类资产要素，促进了国家经济的发展。如今，我国各地大力发展农村产权交易市场，依靠科技创新和各类资本，推进农村现代工业、现代农业和现代服务业的融合与发展，让有限的资源要素通过产权交易，实现资产合法、合理、快速地组合与流转，农村的产业融合已初步展开，部分区域和部分领域亮点纷呈。产权交易的发展促进了涉农多业态的协同发展和创新发展，尤其是在各地政府的大力推动下，以三农为主要对象的各类农村产权交易市场纷纷设立，引领我国农村产权制度的改革和农业发展跨入新时期，促进了农村产业融合，为农村新质生产力的形成逐步奠定了基础。

农村产权交易的主体

产权交易的主体是指产权交易的直接参与者，即产权出让主体（卖方）和产权受让主体（买方）。农村产权交易的主体主要包括农民合作社、家庭农场、龙头企业和“新农人”等。他们为现代农业发展注入新要素，增添新活力和持久动力。

农民专业合作社集普通农户与新型经营主体于一体，生产主体与服务主体于一身，具有紧贴农村实际、紧密团结农民的优势。截至2019年，我国入社农户超过1亿户，占全国农户总数的49%以上。

家庭农场是以家庭成员为主要劳动力，以家庭为基本经营单元，从事规模化、标准化、集约化农业生产经营活动的实体。截至2018年底，进入农业农村部家庭农场名录的成员已达60万家。农业龙头企业是指那些在农产品生产、加工或流通方面发挥主导作用的企业。这些企业通常规模较大，与农户之间建立起了紧密的利益联结机制，如合同、合作或股份合作等，带动农户进入市场。截至2020年底，全国已有县级以上农业产业化龙头企业9.3万多家，其中，国家重点龙头企业1547家，省级以上龙头企业近1.9万家。

“新农人”是指具有科学文化素质，掌握现代农业生产技能，具备一定经营能力，以农业生产、经营或服务为主要职业，以农业收入作为主要生活来源，居住在农村或城市的农业从业人员。通常由在农村地区开展创新创业的群体构成，截至2022年底，我国返乡的创新创业人员累计达到1220万，在乡创新创业人员超过3100万。

农村产权交易的品种（客体）

2015年1月22日国务院办公厅发布了《国务院办公厅关于引导农村产权流转交易市场的健康发展的意见》，提到进入交易市场的农村产权主要分为八个大类，分别是：农户承包土地经营权、林权、“四荒”使用权、农村集体经营性资产、农业生产设施设备、小型水利设施使用权、农业类知识产权和其他。在目前的政策框架下，结合我国农村产权交易的改革实践，将可以通过农村产权交易市场配置的资源分为以下4类，具体细化为17项交易内容：

类别	产权交易分类	产权交易内容
实物资产类	农业用地经营权	以家庭承包方式承包的耕地、草地、养殖水面等经营权
	林权	农村集体林地经营权和林木所有权、使用权
	“四荒”使用权	农村集体所有的荒地、荒沟、荒丘、荒滩使用权
	农村集体经营性资产	由农村集体统一经营管理的经营性资产（暂不含土地）的所有权和使用权
	农业生产设施设备	农户、农民合作组织、农村集体和涉农企业等拥有的农业生产设施设备
	小型水利设施使用权	农户、农民合作组织、农村集体和涉农企业等拥有的小型水利设施的使用权
	农村宅基地使用权和住房财产权	农村宅基地使用权及宅基地上的房屋所有权、使用权
	生物资产	具有生产能力和转化能力的动植物，包括生长中的大田作物、蔬菜、用材林、存栏待售的牲畜等消耗性生物资产和经济林、薪炭林、产畜、役畜等生产性生物资产等
	水权	区域水资源使用权、取用水户水资源使用权
	农产品及其制成品	纳入商品交易范畴的实物产权载体
	海域使用权	海域使用权是指以海域实用价值为内容的用益物权。（可以采取转让、出租、抵押等方式流转交易 -2015 年江苏《省政府办公厅关于促进农村产权流转交易市场健康发展的实施意见》）
股权债权类农村产权	农村集体资产股权	农村集体经营性资产（净资产）折股量化到本集体经济组织成员，每个成员（股东）所持有的集体资产股份数额
知识产权类	涉农专利	涉农专利权
	商标	农业产品商标权、农产品地理标志等
	动植物新品种权	动物育种新方法权、植物新品种权
	商业秘密	是指那些不为公众所知悉、具有商业价值、并且权利人已经采取了相应的保密措施的技术信息和经营信息
其他	涉农资金项目	农村建设项目招标、产业项目招商和转让等

产权交易的类型

根据交易主体之间组织形式来划分，可以分为承包、兼并、租赁、资产转让、股份转让与拍卖；从交易表现形式来划分，可以分为控股式、吸收入股式、承担债务式、承担安排全部职工等其他条件以及购买式五种类型。

农村产权交易的基础建设

发展农村产权交易市场，有助于解决资本市场在行业、地域上发育不平衡的问题，吸引和鼓励更多的交易主体通过合理、合法、合规的交易方式，聚焦农村产权这一领域，进行市场化的资源配置。相应的服务平台具体可以分为三个层次：一是服务于农村产业融合发展的产权交易平台，二是服务于农村产业融合发展的第三方社会化服务力量，三是服务于农村产业融合发展的产业引导基金和产业集聚园区。

●农村产权交易市场

产权交易所或产权交易中心为各类产权交易主体提供场所设施，完善信息发布、组织交易、咨询策划及其他投融资配套服务，实现信息集聚与发布、价格发布、资本进退、资源配置、规范交易、产业政策引导等功能，加快推进城乡统筹和城乡经济一体化发展进程。

2008 年 7 月 7 日，成都农村产权交易所有限公司成立，当年 10 月 13 日成都农村产权交易所成立并揭牌，成为国内第一家有形的农村产权交易实体市场。国内的农村产权交易市场发展形态各异，运行模式和发展轨迹都不尽相同。如成都的城乡统筹模式，武汉的两型社会模式，重庆的地票制度模式等。

●农村产权流转交易信息平台

农村产权流转交易信息平台由农村产权流转交易管理部门负责建设和维护，基于计算机软硬件和网络环境，集成农村产权流转交易多种数据信息资源，通过数据共享，协同工作，提供交易管理、信息发布、抵押融资、预警监管、交易统计、档案管理等功能的一种综合集成化的信息系统。

2019 年江苏牵头制定的《农村产权流转交易信息平台建设与维护》（GB/T 38747-2020）已经被确立为国家级建设标准，其较高的实用性和前瞻性为我国农村产权信息交易平台提供了建设蓝本，对全国农村产权交易的建设有着领航作用。

第三方服务提供商

产权交易已经成为一个新兴的类金融服务行业。证券公司、投资公司、资产管理公司、经纪公司、咨询公司等中介服务机构，随着产权交易活跃而不断发展壮大。由于农业生产周期的特殊性，以及农村产权形态和主体的多样性，农村产权交易更加需要有第三方服务提供商提供专业的服务。在实践中，由于部分第三方服务提供商的服务质量对标资本市场，其定价可能也比较高，必要时可以由政府出资购买服务，从而切实降低农村产业融合发展过程中的企业负担。

●投资咨询机构

投资咨询机构是指对投资者和客户的投融资、交易活动和资本运营提供咨询服务的专业机构。投资咨询机构可以为不同类型的投资主体提供不同内容的服务，如：为涉农企业提供财务顾问服务，为面向农村产业的专业投资者提供投资咨询或理财服务等。

●资产评估机构

资产评估即资产价值形态的评估，是指专门的机构或专门评估人员，遵循法定或公允的标准和程序，运用科学的方法，以货币作为计算权益的统一尺度，对在一定时点上的资产进行价值评定估算的行为。资产评估就是对资产重新估价的过程，是一种动态性、市场化活动，具有不确定性的特点，其评定价格也是一种模拟价格，可以成为产权交易过程中的参考价格。

●会计师事务所

会计师事务所是指依法独立承担注册会计师业务的中介服务机构。注册会计师执行业务，应当加入会计师事务所。会计师事务所一般业务范围包括：审查企业会计报表，出具审计报告，验证企业资本，出具验资报告，办理企业合并、分立、清算事宜中的审计业务，出具有关报告，财务决算审计，代理记账，会计咨询，税务咨询，管理咨询，会计培训，以及法律和法规规定的其他业务等。

●**律师事务所**

律师事务所是指中华人民共和国律师执行职务进行业务活动的工作机构。律师事务所在规定的专业活动范围内，接受当事人的委托，提供各种法律服务。在产权交易过程中，律师事务所一般会提供包括民事、行政、非诉、顾问、咨询等方面的服务，部分服务范围和其他第三方服务提供商有所重叠，但更侧重法律服务特色。

产权交易方式

各种农村产权，通过产权交易的形式来实现资源的有效配置，在市场充分有效的情况下，只有通过适当的方式，以法定货币单位进行交易，从而体现其经济价值。目前我国产权交易市场上常见的交易方式包括：协议转让、拍卖、招标等。

协议转让

协议转让是产权交易双方通过协商确定交易内容和价格，完成产权交易过程。协议转让通常发生在交易主体明确，但交易客体复杂的情况；也适用于在交易公告期内只征集到一个意向受让方的情况，在后一种情形下，通常交易双方会协商采用协议转让方式成交。

在协议转让过程中，受让方与出让方在初步达成购买意向后，可以直接就具体条件进行合同谈判，谈判成功则交易成功。由于存在一对一的沟通磋商，交易条款往往比较个性化，更加适应交易客体复杂的情况。

协议转让的特点：①适合交易过程复杂、交易金额较大、交易条款伸缩性较强、流动性较差等情况，凡是不能够通过标准化交易来完成的交易，均可以通过协议转让来实施；②交易双方可以在交易达成之前围绕交易价格和商务条款进行充分细致的沟通，尤其适用于交易双方初始交易分歧较大的交易，可以通过渐进式的协商最终达成交易；③交易过程非公开，适合涉及知识产权等需要保守商业秘密的交易情形。缺点是交易过程不透明，存在暗箱操作的可能，相关人员和机构的监管压力较大。因为协议转让适用于客体复杂、金额较大、流动性不高、信息保密等交易情形，对于产权交易具有天然的适应性，因而是目前使用最为普遍的交易方式。

拍卖

拍卖是采取竞价形式由出价最高者成交的交易方式。相对于协议转让，拍卖的适用范围较窄，一般需要满足三个前提条件：①必须有两个或两个以上的买主，即在拍卖过程中可以采取竞价方式；②买主以起拍价为基准进行应（报）价竞争，

直至最后应（报）价方胜出为止；③ 拍卖过程必须伴随竞价行为，即意向买方必须具有真实可信的竞购意图。

从流程上来看，拍卖一般可分为三个阶段：一是准备阶段，需要由拍卖机构招揽潜在竞拍方，并组织看样等工作；二是正式拍卖阶段，在规定的时间和地点，按照拍卖目录规定的次序逐笔喊价，拍卖主持人以击槌的方式代表卖主表示接受最终报价；三是成交交货阶段，买主在成交确认书上签字，并在规定的期限内交付款项，卖方协助办理资产过户手续。

招标

招标是以公开招标、投标形式，由评标委员会评出最优投标者成交的交易方式。一般适用于有多名受让产权意向者，且转让标的物相对复杂的产权交易。招标有三个特点：一是竞标人根据招标人的要求，一次性递交成交的交易方式，一般双方无须进行反复磋商；二是相对于拍卖的竞买方式，招标也可以运用于采购领域，体现为一种竞卖的方式；三是招标必须按照指定的时间和地点，依照事先规定的条件和程序进行。招标通常分为竞争性招标和选择性招标两类。

招标方式的优点在于：①接受面广，招标者间的竞争，使出让标的更容易获得一个较高的市场价；②交易程序化可以避免人为的干扰因素。其缺点是：①成本较高，招标大多需要通过中间商或代理人进行，出让主体需要为此支付一定交易成本；②评标流程一般较长；③中标方向一般难以确定，开标后只能根据价格领先或招标公告中约定的原则判定中标者。

其他的产权交易方式

还有一些其他的产权交易方式，是以上一种或多种交易方式的变种，或是对产权下位权利中的部分特定权利的交易，如股权置换、委托经营、融资租赁、管理层收购、股票期权、债转股和电子竞价方式等。这些方式适应了产权交易的实际需要，丰富了产权交易的品种类型，具有广泛的市场应用价值。

此外，对协议转让、拍卖、招标等过程的电子化，是值得鼓励的技术创新，有助于提高交易效率、降低交易成本。但在实践中，电子竞价方式尤其需要注意，不得违反《国务院办公厅关于清理整顿各类交易场所的意见》(国办发 (201237 号) 的一些限制性要求，不能将金融科技作为规避监管的手段。

江苏农业产权交易经验的解析

农村产权交易的新兴，对国家、政府以及大众而言，充满着挑战。历经多年实践，江苏农村产权交易规范化建设取得了显著成效。在借鉴国内几家已有的农村产权交易市场的基础上，创新出属于江苏的特色发展模式。2023 年，江苏被国家农业农村部列为全国农村产权流转交易规范化整省试点单位。其中，南京探索出的“‘双轮’驱动、‘五化’规范、‘六项功能’拓展”的“南京探索”也得到农业农村部肯定，并成功入选全国农村产权流转交易规范化整市试点。江苏的成功经验主要包括：

公益性定位、市场化交易的“双轮”驱动机制

坚持市场化方向、规范化运营的总体要求，在遵循市场运行规则、保障市场独立性的同时，以公益性和非营利性为根本宗旨。建立机构、人员、经费、场所等保障机制，由农业农村部门负责农村产权流转交易的组织协调、督促指导，建立平台交易规范，运营维护平台日常使用等，由财政部门负责交易市场运行的经

费保障。

高标准建设实体市场，统一信息平台操作

市级平台承担部分非涉农区（功能区）农村产权流转交易工作，县级农村产权交易市场依托所在地农经部门和公共资源交易部门进行管理。在交易所或交易中心的建设提档升级，通过整合农服中心、农机站、动防站等多方资源，打造一站式为农服务窗口，提高交易效率，提升了公共服务公信力。农村产权交易信息服务平台融合了集体资产监管和集体经济组织管理两个重要功能，可有效防止暗箱操作。交易全程、交易合同、金融服务等产权交易环节都可以线上进行，交易不受工作时间限制。

统一交易程序标准，统一监测评价机制

提供从产权交易审批表到档案管理等多种统一标准文书，并结合农村实际情况，适时修订完善土地经营权流转样本合同，规范化、有序化流转过程。各级交易市场服务标准全部统一按省农业农村厅发布的农村产权交易 5 项地方标准执行。省农业农村厅联合省财政厅每年在农村改革试验区重点项目奖补资金中，设立农村产权交易市场专项资金，对在农村产权交易监测评价中工作成效显著的市、县、镇级交易机构进行奖补。监测评价内容包括实体市场建设、平台维护、交易成效、档案管理、扶持政策制定、宣传报道等方面，加强基层农村资产资源管理体系建设。

总结短板，优化未来发展方向

针对农村产权交易实践中存在的农村产权不清晰、交易风险多样化和农村产权中介服务不足等问题，还有如下举措：

① 增强风险预警，完善农村产权交易市场风险防控体系，完善平台服务内

容建设，积极开发电子监管系统，以网络监管手段加强风险防范。

② 加强监管，减少政府参与，适度扩大中介机构的生存空间，拓展中介服务，提升第三方的活力和能动性。

③ 建立农村产权交易信用档案，记录交易主体的信用信息，构建诚信机制，加强对农村产权交易市场信用体系的运用。

农业现代化：任重而道远

世界各国农业和农村经济都有各自的发展模式，其发展过程基本都是由自给自足的小农经济—温饱为主的产品经济—市场经济发展的三部曲。2024 年中央一号文件提出要把农业建成现代化大产业，为进一步提升乡村产业发展水平，做好新时代新征程的“三农”工作明确了方向。

我国现代农业发展的基本历程

改革开放后至 20 世纪 80 年代中期，我国农村打破家庭联产承包经营的局限，组织农户进行种养加、贸工农、产供销一体化的农业产业化经营，使我国现代农业发展取得了初步成效。至 21 世纪初，我们坚持发展规模化、专业化、标准化农业，通过农业产业链的延伸，把农业劳动力转移到农产品加工、流通和营销部门，极大地促进了农业的繁荣和农民增收。党的十九大以来，我国大力实施乡村振兴战略，历经多年，完成脱贫攻坚、全面建成小康社会的历史任务，实现了第一个百年奋斗目标。在我国全面建设社会主义现代化国家的大环境下，尤其是党的二十大提出“加快构建新发展格局，着力推动高质量发展”的方向，高质量发展必然成为我国农业发展的首要目标。而农业现代化是实现我国农业高质量发展的必由之路，也是解决我国人口基数大、资源相对缺乏等多重问题的唯一出路。

农业现代化的本质和内涵

农业现代化是指农业由精耕细作的传统农业向高度集约化、信息化的现代农业的转变过程，包括农业生产手段的现代化，农业生产技术的现代化，农业生产组织管理和基础设施的现代化。中国对于农业现代化的认识也经历了讨论、发展、完善、创新与界定的过程。

党的十八大提出了“四化同步”发展战略，即工业化、信息化、城镇化、农业现代化深入发展的战略，指出农业现代化这个“短板”越早补齐越好，不然就会拖整个现代化的后腿；党的十九大在进一步认识新时期城乡发展不平衡和农村发展不充分的国情基础上，提出乡村振兴战略，加快推进农业农村现代化。特别是在党的十九届五中全会上提出建设智慧农业的重大部署，将智慧农业、数字乡村建设作为“十四五”时期推进农业农村现代化的重要举措，这是对农业现代化内涵的最新诠释。

关于农业现代化道路的研究，地大物博的美国、加拿大和澳大利亚选择规模经营型模式；资源相对稀缺的荷兰、以色列、日本和韩国等则选择集约型农业发展模式；法国的农业属于专业化发展模式。因为国情不同，上述几个国家的农业现代化模式在实践中存在一些区别，但是以设施工程技术和环境调控技术为依托的农业工厂化生产，是它们的共同特征。

农业工厂化生产及相关成功案例

农业生产比起其他行业的生产来说，有更大的难度，因为其发展不仅受经济规律制约，还受到自然规律的制约。因此，遵循这两个规律来改造自然、征服自然、利用自然，开拓和挖掘农业发展空间，成为现代农业的重要任务。多年来，人们力求摆脱农业对自然因素的依赖，飞向农业的自由王国。工厂化生产则是实现农业向自由王国飞跃的重要途径。

农业工厂化生产是指按照动物、植物生长发育所要求的环境条件，以满足动物、植物的需要为目标，运用现代化设施装备和智能化管理系统，人为创造一个良好的生存环境，力求以最小的资源投入在可控条件下充分发挥最大生产潜力的现代化、规模化生产。这种以集约化、规模化、产业化为特征的生产模式，在发达国家已获得了令世界瞩目的成效。当前，我国一些企业在这方面的实践亦获得

了良好进展，在食用菌和一些高档蔬菜、花卉生产中的表现尤为不俗。

农业工厂化是基于人类对生物环境科学和设施工程科学的深入研究，以先进的技术与设施装备，寻求解决资源合理利用和替代资源短缺问题而产生的农业生产途径，代表着未来中国农业科技的发展方向。农业工厂化是现代农业发展的重要标志之一，是解决“三农”问题的重要方法，对减轻农业灾害的影响，充分利用有限的资源，增强我国农业的市场竞争力和发展农产品出口创汇意义重大。农业工厂化是实现我国农业现代化的重要途径，是建设和谐农业的必由之路。

科技赋能闯新路

在南京市溧水区白马国家农业科技产业园，有一家江苏省农业科技型民营企业——南京金万辰生物科技有限公司，公司成立于2013年11月26日，依托“海峡两岸（漳州）农业硅谷食用菌生物科技产业园”项目的成功经验和南京市溧水区“白马国家农业科技产业园”的科技资源支撑，以现代生物技术为依托，以工厂化生产为手段，高效生产食用菌（目前以金针菇为主）。公司已建成食用菌生产建筑面积10万平方米，金针菇日产能140吨，是我国生产规模最大的现代化食用菌生产企业。2020年度，公司生产金针菇约4.6万吨，销售总额约2.6亿元，主要销售地区为江苏、河南、浙江、山东、北京等，销售方式为农贸市场批发以及电商平台、连锁超市结合等。该公司与其他在农业现代化进程中涌现的诸多典型企业一样，其成功的经验都具有鲜明的时代特征。

现代化生产线装备做保障，生产设备均为自动化控制作业。

标准化生产模式为高质量发展奠定基础。作为科技型企业，金万辰已经建立了整套标准化生产规程：产品培育、采收、包装到入库保鲜，各生产环节的温度、湿度、气体条件和光照条件，均进行数字化控制，标准化的生产模式，产品整齐度、商品性均达到统一标准，精准保障了产品产量和质量。

智能化控制实现产加销各环节可追溯。产销各环节有了物联网技术的应用，实现产品信息采集和数据分析数字化，并加入省农产品质量安全追溯监管信息平台，出厂产品佩戴“电子身份证”，外包装箱上都贴有二维码、条形码信息，产品可通过二维码追溯，查询到产品信息、生产基地、检测报告、原料来源、认证信息、产品流向和相关图片等详细信息，保证做到生产有记录、信息可查询、流向可跟踪、责任可追究、产品可召回、质量有保障。

让人大开眼界的智慧农业

农业是我国的基础产业，对于解决全国人民的温饱，维护社会稳定起到了重要的作用。随着农业科技水平的提高，农业生产正在向自动化、高端、舒适、智能方向转型。此外，农业不仅面临国际上的竞争，还要满足区域个性化的需求，而发展方向就是发展智慧农业，将智能化技术应用到农业生产中，利用大数据平台、物联网、智能农业机械等设施，改变传统的农业生产方式，实现农业的可持续发展。

智慧农业的概念与内涵

所谓“智慧农业”，就是充分应用现代信息技术成果，集成应用计算机与网络技术、物联网技术、音视频技术、3S 技术、无线通信技术及专家智慧与知识，实现农业可视化远程诊断、远程控制、灾变应对等智能管理。智慧农业是现代信息技术与农业生产、经营、管理和服务全产业链的集成融合和内在重组。其基本内涵包括以下 4 个方面：

农业生产智能化

主要通过全面感知、可靠传输、先进处理和智能控制等物联网技术的运用，解决“谁来种地”的问题，提高土地产出率、资源利用率和劳动生产率。

农业经营网络化

主要通过电子商务等现代信息技术，来解决“农产品买卖难”的问题，通过现代信息技术实现农产品流通扁平化、交易公平化、信息透明化，建立最快速度、最短距离、最少环节、最低费用的农产品流通网络。

农业管理数字化

主要通过云计算、大数据等现代信息技术，来解决农业管理高效和透明的问题，通过现代信息技术推进农业管理现代化，提高生产效率和效能。

农业服务精准化

主要通过移动互联、云计算、大数据等现代信息技术，来解决“农村信息服务最后一公里”的问题，让农民便捷、灵活地享受各种生产生活信息服务。

智慧农业意味着生产、流通、销售、组织和管理等环节均实现智慧化。

农业农村智慧产业体系

农业农村智慧产业体系以市场需求为导向，以智慧平台为核心，以物联网、大数据、区块链、人工智能等现代信息技术为依托，以生产组织智能化、产品质量可溯化、市场经营网络化、社会服务专业化为目标，以品牌建设为驱动力，建立一个具有组织、自学习和自适应能力的产业智慧生态系统，从而实现整个产业链要素的扁平化组织与资源共享。农业农村智慧产业体系主要包括以下内容：

智能监测系统

通过各种无线传感器实时采集农业生产现场的温 / 湿度、光照和 CO_2 浓度等参数，利用视频监控设备获取农作物的生长状况等信息，远程监控农业生产环境，实现实时、可靠、可视化监测。

智能传输系统

组建无线传感器网络，对不同的农业现场进行分析规划，由原来的短距离有线传输，逐步向无线、长距离信息传输发展，确保水、陆、空之间的信息有效可靠传输。

智能控制系统

对智能监测系统和智能传输采集的数据进行存储和分析，利用现在先进的人工智能技术，对环境信息进行分析，实现环境的预测预警；对种植、养殖物的图像进行分析，实现疾病诊断，发现生理障碍，如营养不足或过剩，土壤水分亏缺等问题。切实地将人工智能技术应用到农业的生产领域，是智慧农业的真正意义所在。

智能追溯系统

智能数据使用 RFID 电子标签，创建农产品安全溯源系统，加强农业生产加工、运输到销售等全流程数据共享与透明管理，实现农产品全流程安全溯源，有效开展品牌营销，提高农产品的附加值。

智慧农业的意义

改善农业生态环境

将农田、畜牧养殖场、水产养殖基地等生产单位和周边的生态环境视为整体，并通过对其物质交换和能量循环关系进行系统化、精密运算，保障农业生产的生态环境在可承受的范围内，如定量施肥不会造成土壤板结，经处理排放的畜禽粪便不仅不会造成水和大气污染，反而能培肥地力等。

提高农业生产经营效率

基于精准的农业传感器进行实时监测，利用云计算、数据挖掘等技术进行多

层次分析，并将分析指令与各种控制设备进行联动完成农业生产、管理。这种智能机械代替人的农业劳作，不仅解决了农村劳动力日益紧缺的问题，而且实现了农业生产高度规模化、集约化、工厂化，提高了农业生产对自然环境风险的应对能力，使弱势的传统农业成为具有高效率的现代产业。

促进经营理念的更新

完善的农业科技和电子商务网络服务体系，使农业从业人员足不出户就能够远程学习农业知识，获取各种科技和农产品供求信息；专家系统和信息化终端成为农业生产者的大脑，指导农业生产经营，改变了单纯依靠经验进行农业生产经营的模式，彻底打破“传统农业落后、科技含量低”的认知观念。另外，智慧农业阶段，农业生产经营规模越来越大，生产效率越来越高，迫使小农生产被市场淘汰，也必将催生以大规模农业协会为主体的农业组织体系。

智慧农业发展的现状和案例

智慧农业是农业发展进程中的必然趋势。日本人均耕地仅有0.7亩，但通过农业信息网络、农业数据库系统、精准农业、生物信息、电子商务等现代信息技术，实现了播种、控制与质量安全及农产品物流等方面的智慧化，农业安全生产和农产品流通效率位居世界前列。

在智慧农业上升为国家战略的背景下，智慧农业核心技术不断取得创新突破，物联网、5G、大数据和区块链等数字技术与农业深度融合，智慧农场、数字农机等创新应用模式不断涌现，智慧农业已成为推进乡村振兴、实现农业农村现代化的重要抓手。近年来我国在智慧农业核心技术领域持续加大创新力度，取得了一系列重大突破，初步形成系统的技术应用模式。但随着我国招商引智工程的推进，也涌现出一批优秀的智慧农业创业优秀企业。

如：南京渔管家物联网科技有限公司法人代表兼CEO陆超平是南京农业大学的博士，2020年9月获全国新农民新业态创业创新大会初创组第一名。他和团队整合地理信息系统、遥感测绘、水质检测、卫星图片和模型计算藻类悬浮物等技术，打造出“智能渔管家”系统。养殖户点点鼠标，就能了解鱼苗、虾苗生长情况，监测水质、投喂情况。

苏州太湖雪丝绸股份有限公司董事长胡毓芳带领志同道合的年轻人共同创业。为了给怕冷怕热又怕干的蚕宝宝们创造最好的生长条件，太湖雪基地建成6个智能小蚕共育室、28个智能大蚕房，室内遍布传感器、监测仪等智能装备，基本实现自动调节温度、湿度、二氧化碳浓度和光照强度，探索出一条标准化、机械化、智能化的蚕桑产业高效发展之路。

智慧农业发展必然会经过一个培育、发展和成熟的过程。当下，我国要科学谋划，制定出符合中国国情的智慧农业发展规划及地方配套推进办法，为智慧农业发展描绘总体发展框架，制定目标和路线图，从而打破我国智慧农业虽然发展多年但却各自为政所形成的资源、信息孤岛局面，将农业生产单位、物联网系统集成企业、运营商和科研院所相关人才、知识等优势资源互通，形成高流动性的资源池，推动区域智慧农业乃至全国智慧农业快速健康发展。

破解有机农业的密码

农药残留、化肥超标、重金属污染、激素、催熟剂、抗生素残留等食品安全事件频频曝光，刺痛消费者的神经，也严重危害消费者的身心健康。因此，人们越来越关注食物、营养与健康的关系，农业与环境的关系也被日益重视，在这种大背景下，许多国家和地区提出要发展有机农业。那么，到底什么是有机农业呢？

什么是有机农业

不同的国家和地区根据本国的国情对有机农业的理解不尽相同。

我国把有机农业定义为，遵照一定有机农业生产标准，在生产中不采用基因工程获得的生物及其产物，不使用化学合成的农药、化肥、生长调节剂、饲料添加剂等物质，遵循自然规律和生态学原理，协调种植业和养殖业的平衡，采用一系列可持续发展的农业技术以维持持续稳定的农业生产体系的一种农业生产方式。

欧盟把有机农业定义为，一种通过使用有机肥料和适当的耕作和养殖措施，以达到提高土壤长效肥力的系统。有机农业生产中仍然可以使用有限的矿物物质（天然矿物），但不允许使用化学肥料。通过自然的方法而不是通过化学物质控制杂草和病虫害。

美国农业部把有机农业定义为，一种完全不用或基本不用人工合成的肥料、农药、生长调节剂和畜禽饲料添加剂的生产体系。在这一体系中，在最大的可行范围内尽可能地采用作物轮作、作物秸秆、畜禽粪肥、豆科作物、绿肥、农场以外的有机废弃物和生物防治病虫害的方法来保持土壤生产力和可耕性，供给作物营养并防治病虫害和杂草的一种农业。

可见，有机农业是自然农业生产方式的回归，它代表了绿色、安全、可持续，这种农业生产方式契合当今人们回归自然、追求绿色、健康生活的理念。发展有机农业，为消费者和农户带来更多健康的产品，有助于保护环境，可增加农民收入、降低外部投入成本、增加农民就业机会。

有机农业的发展现状

有机农业于 20 世纪 20 年代发源于德国和瑞士。这在当时更多的是对应刚刚起步的石油农业而产生的一种生态和环境保护理念，而并不是一种实际的行动。20 世纪四五十年代是发达国家石油农业高速发展的时期，由此带来的环境污染和对人体健康的影响等问题也日趋明显，因此就有一部分先驱者开始了有机农业的实践。世界上最早的有机农场是由美国的罗代尔（Rodale）于 20 世纪 40

年代建立的“罗代尔农场”。随着现代石油农业对环境、生态和人类健康影响的日益加剧，发达国家纷纷于20世纪六七十年代自发建立有机农场，有机食品市场也初步形成。全球性非政府组织——国际有机农业运动联合会（IFOAM）就是在这样的形势下于1972年在欧洲成立的，它的成立是有机农业运动发展的里程碑。

有机农业作为目前世界上发展较快的一种可持续、环境友好型的农业生产方式，其倡导的安全生产和健康消费理念为广大消费者所认可，在国际上产生了广泛而深刻的影响。目前，有机农业已在世界范围内广泛发展，全球已有180多个国家发展了有机农业。总体看来，各国有机农业土地规模、生产经营主体数量和有机农产品类别总量均呈持续增长趋势。

中国国家生态环境部有机食品发展中心（OFDC）作为中国有机产业的先驱，多年来一直致力于推动中国有机产业的发展。中国在引入有机农业理念的几十年来，国内学者从不同视角对其进行了大量的研究，他们的研究结果对促进有机农业的发展具有现实意义。中国有机农业虽然起步晚但发展迅速。截至2017年底，我国有机农业规模（有机认证土地面积）已达302万公顷，在世界排名前三，但与世界排名第一的澳大利亚（2740万公顷）差距还很大。未来十年，我国有机农业生产面积和产品产量将以每年20%–30%的速度增长，发展前景广阔，潜力十足。

有机农业生产关键技术

与常规农业相比，有机农业的技术关键在于作物病虫草害的防治与土壤培肥技术。有机农业病虫草害控制观认为，农业生产过程是一种人与自然协调相处的过程，人类应该尊重自然而绝不能充当自然的主宰者，病虫草害也是自然界固有的组成部分，对它们的控制是要充分利用生物间的相生相克原理，以抑制它们的爆发，将其控制在经济危害水平之下即可。

增加作物品种多样性，建立平衡的生产体系

增加种植作物多样性是有机农业病虫防治的基本原理。多样性设计包括时间与空间两种范围，时间上主要是指合理轮作与播种、收获时间的变化选择，空间上为多种作物品种的复合种植，包括同种作物不同品种的混合，不同作物品种的复合种植（间作、套种），杂草、野花、树篱、风屏植物或果园底层的植物等非作物植物的管理。如在田园四周种植一些开花植物，如伞形花科的胡萝卜、芹菜等不仅可吸引天敌，还能增加田园美观。在大棚中，双子叶植物中间种植一些禾本科作物，并故意释放一些中性害虫（如一些蚜虫），则可吸引天敌，从而在主要作物发生虫害时，有足够的天敌控制其对作物的危害。

建立合理轮作体系，抑制专性寄生病虫发生

轮作是有机栽培的最基本要求和特征之一，无论是土壤培肥还是病虫防治都要求实行作物轮作。轮作防治病虫的主要原理是利用寄生与非寄生作物的交替，切断了那些离开寄生作物或嗜好寄主便不能长期存活的专性寄生病虫的食物链，使之饥饿致死，避免了一些植物对自身和同科属作物的他感作用。

加强土壤肥水管理，促使作物健康生长

有机农业原理认为健康的土壤是作物、牲畜和人类健康的基础，因此防治作物病虫害首先是要正确地培肥土壤，特别强调施用有机肥、种植绿肥尤其是豆科绿肥来培肥土壤，因为有机培肥的重要性不仅在于其拥有作物所需养分，更是土壤生态系统的营养源和能源，施用有机肥的第一步是激活土壤微生物，强化土壤生态系统的平衡性和活性，土壤生态系统中生物多样性和丰富度，使病原菌保持在相对低的水平，不会引起作物病害暴发，不影响作物的正常生长。施有机肥要求必须充分腐熟，腐熟过程产生的高温可以杀灭其中的病原苗、虫卵及杂草种子。同时，适当重施底肥和早施追肥可使作物生长健壮，从而抵御病虫的侵袭。

强化生产全过程的管理，减少作物病虫发生

有机农业是一种知识和管理集约型农业，在制订生产计划后，要求从作物种子、种苗的挑选，直至产品收获的全过程进行细致管理，清除作物生长过程中可能出现的各种病虫害隐患，将病虫控制在萌动阶段。具体包括：①优良种子、种苗的选择和处理，剔除带病和有虫刻的种子种苗，或用热水、石灰水等处理种子，

以杀死病菌和虫卵，同时注意苗床和育苗基质的消毒；②适期播种，根据作物病虫发生规律，适当调整播种和移栽的日期，避开一些主要病虫害发生的高峰期；③及时中耕除草，恶化或消除害虫生存条件，同时直接杀灭一些害虫；④合理修剪，调整株型，促进光合作用，除去部分害虫；⑤适时收获；⑥采后清园，将前茬作物残体无害化处理，同时消除部分虫口和病原物；⑦加强冬季田间管理，通过冬耕可以直接杀死和冻死越冬害虫或虫卵，并可将土表枯枝落叶、残茬及浅土中的害虫翻入深处，使其难以出土而死亡。

根据有机生产原理，病虫防治主要是通过为作物创造适宜的生长环境，提高系统自身的防护能力，将病虫控制在经济危害水平之下。但有些迁飞性害虫来得突然，繁殖迅速，有时捕食性天敌发展太慢，这些情况下有必要采用一些生物、物理及植物性农药防治病虫害。一些实用防治技术包括：①防虫网的使用；②杀虫灯的使用，黑光灯与高压汞灯；③肥皂水防治蚜虫、蓟马、红蜘蛛、白粉虱；④植物性农药的使用，害虫大量繁殖的情况下，可用苦参碱等天然植物性农药防治；⑤黄板诱虫，对蚜虫、潜叶蝇的诱捕效果较好；⑥苏云金杆菌制剂对一些鳞翅目害虫有较好的防治效果，如，菜青虫、尺蠖、松毛虫、烟青虫、菜粉蝶、玉米螟、棉铃虫、地老虎等。

有机产品的判断标准

有机产品必须有以下几个基本属性：①原料来自有机农业生产体系或野生天然产品；②有机食品在生产和加工过程中必须严格遵循有机食品生产、采集、加工、包装、贮藏、运输标准；禁止使用化学方法合成的农药、化肥、激素、抗生素、食品添加剂等，禁止使用基因工程技术及该技术的产物及其衍生物；③有机食品生产和加工过程中必须建立严格的质量管理体系、生产过程控制体系和追踪体系；④有机食品必须通过合法的有机食品认证机构的认证。

中国有机产品GAP认证

China GAP

中国有机转换产品认证

China GAP

判断农业产品是否是有机产品，应当看标签是否有英文“ORGANIC”字样，同时还应有中文“中国有机产品”字样；其次看图标（如上图），并注意有机产品和转换期产品的区别；对于有机配料含量等于或者高于95%的加工产品；可以在产品或者产品包装及标签上标注“有机”字样；有机配料含量低于95%且等于或者高于70%的加工产品，可以标注“有机配料生产”字样；如果有机配料含量低于70%的加工产品，应在产品成分表中注明某种配料为“有机”字样。

深入推进农业绿色化、优质化、特色化、品牌化，调整优化农业生产力布局，推动农业由增产导向转向提质导向。转型生产方式，走绿色有机农业发展道路，是乡村经济发展、农民收入水平提高、农民生存环境改善的重要渠道，可以为农民生态意识提升奠定坚实的经济基础。应当意识到，推动乡村绿色有机农业的发展，是农业高质量发展的实践，更是返璞归真的低碳农业技术的回溯和升级实践，是促进未来食物系统绿色可持续发展不二的选择。

生态环境部有机食品发展中心

生态环境部有机食品发展中心简称OFDC-MEE，成立于1994年，是中国有机食品事业的发起机构，也是推动中国有机食品事业发展的主力军与核心力量，开创了中国有机食品事业发展的先河，在国际上有着重要的影响。中心是我国最早提出“将推动有机食品发展成为农村环境保护和农业面源污染防治的重要抓手”论点的研究团队。创新开展了有机食品示范县和示范基地认定工作，引领和推动了区域有机食品的高质量发展。随着生态环境保护工作发展的需要，中心研究领域不断拓展，目前已经形成了三个有特色的学科方向，分别为农村环境保护与面源污染控制、良好土壤保持与污染修复、有机食品发展。

南京国环有机产品认证中心有限公司，简称“南京国环”，始建于1994年，是生态环境部南京环境科学研究所全额投资单位，是中国首家有机食品认证机构，是国家认证认可监督管理委员会（CNCA）首批批准成立的食品农产品认证机构。先后获得中国合格评定国家认可委员会（CNAS），国际有机农业运动联盟（IFOAM），国际有机认可委员会（IOAS），以及加拿大、美国等国认可。

如何打造农业品牌

在乡村振兴战略不断向前推进的时代背景下，农业品牌化成为推进农业高质量发展的重要抓手。国家高度重视、持续加强农业品牌建设工作。农业农村部将2017年确定为农业品牌推进年。2018年印发了《农业农村部关于加快推进品牌强农的意见》。2019年，国务院印发《关于促进乡村产业振兴的指导意见》，明确提出要培育提升农业品牌，实施农业品牌提升行动，建立农业品牌目录制度。建立中国农业品牌目录制度，是培育提升农业品牌的重要内容，有利于打造具有国际竞争力的中国农业品牌，提升我国农业竞争力，加快推动我国由农业大国向农业强国转变，对乡村振兴、产业兴旺具有十分重要的意义。要使农村更美、农民更富、农业更强，必须有一批享誉国内外的中国农业品牌。

截至2022年底，累计有626个品牌入选中国农业品牌目录，并得到了市场的认可。纵观入选的品牌，有以下一些特点：

申报品牌覆盖面广，品类呈多样化；新品牌层出不穷，展现出品牌的带动能力和旺盛的生命力；发达地区品牌建设成果丰硕，抢占市场高地；欠发达地区品牌意识觉醒，一些养在深闺人未识的优秀品牌首次走出深山和偏远地区，出现在公众视野。

农业＋品牌

从字面解释，“品”即是物品、商品的等级、种类；“牌”则是企业单位自己产品的专用名称，实际上是商标。把上述两层意思联系起来，“品牌”就是具有一定品位的牌子；体现在商品上，应该是广大消费者认可的商品的牌子。学理上，品牌是指生产者或经营者在其商品或服务项目上使用的用以区别其他同类和类似商品或服务的显著标记；而农业品牌，则是指农业生产者或经营者在其农产品或农业服务项目上使用的用以区别其他同类和类似农产品或农业服务的显著标记。

品牌是一个集合概念，它主要包括品牌名称和品牌标记两部分。品牌名称是指品牌中可以用语言称谓的部分，也称“品名”，如“洋河大曲”；品牌标记，也称“品标”，是指品牌中可以被认出、易于记忆但不能用言语称谓的部分，通常由图案、符号或特殊颜色等构成，如洋河大曲的品标中间立着一只白山羊，周围是两支稻穗，它象征着“吉祥如意，人寿年丰”，因此该品标也称“羊禾”品标。从本质上讲，“羊禾”品标也正暗合了神话传说中美酒的属性，“禾”为酿酒之基，“羊”寓酒之鲜美。洋河大曲系列产品的品名有若干，但都标有相同的“羊禾”品标。

实施农业品牌化对生产者和销售者来说，有助于推动农业品牌的标准化与规范化，塑造农业品牌的差别化与特色化，提高市场对农业品牌的信任度，提高农产品的附加价值，增强市场竞争力和农业整体竞争力，有利于挖掘农业品牌的文化内涵；从消费者的角度来看，品牌的建立，能方便消费者识别，传递生产者及农产品的相关信息，减少消费者购买风险。

如何打造农业品牌

打造农业品牌化包括五大实施环节，即品牌注册、品牌整合、品牌战略实施、品牌价值评估和名牌带动推进。这五大环节是相辅相成、缺一不可的。品牌注册是农业品牌化的基础，品牌整合是农业品牌化的纽带，品牌战略实施是农业品牌化的核心，品牌价值评估是农业品牌化的衡量标准，名牌带动推进是把品牌做大做强及实现农业品牌化的目的。

品牌的设计和定位

品牌的打造，首先是品牌的设计和定位。包括四个方面：品牌的价值取向、目标顾客、品牌的个性形象和品牌的核心利益。品牌建设的核心在于建立品牌信用度，打造科学的诚信体系，营造良好的诚信环境。

做好品牌宣传

要打造一个众所周知的品牌，最重要的一点就是做好品牌宣传，提高人们对品牌的认知度，扩大品牌的知名度和影响度。要提高品牌的知名度，一是充分利用报纸、广播、电视和互联网等媒体，加大推广品牌的力度，进而提高知名度；

二是积极参与农产品展销活动，充分利用农产品博览会、农产品展销会等活动推广品牌；三是积极开拓经营模式，可以加入产品配送服务，或进行连锁经营，进而扩大农产品营销范围，达到提高品牌知名度的目的。

农业气象灾害预防指南

神奇的大自然既承载着丰收的喜悦，也酝酿着风云变幻。农作物生长在自然环境里，受阳光、雨露、风云、温度的影响，在适宜的气象条件下，自然会取得好的收成。但如果发生异常气象情况，导致作物生长环境的不适宜，则会发生农业气象灾害，造成作物减产甚至绝产。所以，开展气象灾害规律分析、预警评估和服务，对农业的意义重大。

气象灾害及其监测和预警

灾害性天气是对人民生命财产有严重威胁，对工业、农业和交通运输造成重大危害的天气，主要由不同气象要素的剧烈变化引起，具有较大的破坏性，如大风、暴雨、冰雹、龙卷风、寒潮、霜冻、大雾等。

由气象原因引发的原生灾害是广义的气象灾害，原生灾害还可能诱发次生灾害，如因气象原因引发的江河洪水、山洪、城市暴发性洪水、积涝，海浪和风暴潮等海洋灾害，森林和草原火灾，酸雨、空气污染，农林病虫害等自然灾害。次生灾害的杀伤力并不逊于原生灾害，且突发性强，连锁反应显著，值得高度警惕。

气象衍生灾害是指既不是气象原因产生的，也不是次生的，而是通过气象灾害链的传递产生的灾害。例如暴雨诱发的崩塌、滑坡，大风引起的海啸是气象次

生灾害，但因此可能发生的火灾、毒气泄漏与扩散、爆炸等不是次生灾害，而是气象衍生灾害。又如发生洪涝后，如果处置不当，灾区还可能出现瘟疫、饥饿、社会动乱、人群心理创伤等社会性灾害，这些属于衍生灾害。

气象灾害种类多，频次高，范围广，造成的损失重，但其发生存在一定规律性、阶段性，分布相对稳定。因此，各级政府大力支持科技、农业、水利、国土、生态等相关部门加强沟通、深入合作，推进气象现代化建设，不断完善气象灾害防御体系的建设。综合地面、卫星遥感、天气、田间试验观测及灾情调查等多种信息，通过比对、验证、完善和建立监测指标和技术方法，实现气象灾害的实时监测。针对主要农业气象灾害不同的特点，统计分析各灾害的历史发生规律和空间变化布局，研制包括灾害危险性、作物暴露性和作物脆弱性在内的相关灾害风险分析的定量化指标，构建灾害的综合风险指数模型，基于 GIS 技术开展主要农业气象灾害风险区划并制图。此外，基于灾害监测指标体系构建气象灾害发生的天气学模型，开展农业气象灾害精细化预报及预警，能促进农业气象科研和业务服务发展。

常见的农业气象灾害及其防治

农业干旱及其防治

农业干旱是指农作物生长季节内长期无有效降水造成土壤缺水，农作物生长发育受抑，导致明显减产甚至绝收的一种农业气象灾害。体现农业干旱程度的主要因子有降水、土壤含水量、土壤质地、气温、作物品种和产量，以及干旱发生的季节等。

旱灾的防御主要从几个方面着手：

①因地制宜，加强农田水利的建设。修建水库，提升水源储备能力。坡地和山地修建水平梯田、条田，增加田地贮水量。提倡滴灌（尤其是膜下滴灌）、渗灌、喷灌等节水灌溉的使用。在灌溉区，灌溉系统要尽可能地布局完备。在干旱、半干旱地区，渠、井、窖结合，充分利用道路、场院、屋面等天然集流场，配套修建蓄水窖，加强降水回收系统的建设。

②选用耐旱作物种类和品种：水资源缺乏的地区，优先选用耐旱作物，如谷子、小麦、豆类、胡麻、高粱和玉米等，选择水分利用率高的优良耐旱品种。

③加强农作管理，减少田间水分的消耗：采用覆盖栽培，降低土表水分的蒸发，如地膜覆盖、秸秆覆盖栽培。灌溉后及时中耕或浅耕，降低蒸发量。在土壤中掺入保水剂，抑制土壤水分蒸发。收获后尽早翻耕灭茬，增加土壤保水力。采用黄腐酸等抗旱剂拌种或喷叶，减少水分蒸腾，在作物水分临界期浇关键水，提高作物水分利用率；必要时进行人工增雨作业。

暴雨及其防治

按照降水量等级划分的国家标准（GB/T 28592-2012），某一观测站点 24 小时内雨量大于或等于 50 毫米的降雨称为暴雨；大于或等于 100 毫米的称为大暴雨；

大于或等于 250 毫米的称为特大暴雨。

暴雨的防治，应关注气象部门发布的暴雨预警信号，及时做好应急工作，包括切断有危险的室外电源，暂停户外作业，危险地带的单位及时停止作业，注意保护人员安全。定期清理各种水道，保持畅通，做好排水防涝工作。及时检查房屋住宅，如发生雨水入室情况，应立即切断电源，防止积水带电伤人。山区附近的村民尽量远离山体，防止泥石流、山体滑坡等次生地质灾害。

大风及其防治

中国气象观测业务规定，瞬时风速达到或超过 17 米 / 秒（或目测估计风力达到或超过 8 级）的风为大风。

大风可吹翻船只、拔起大树、吹落果实、吹倒农作物，还能引起沿海的风暴潮，引发火灾等。

主要防御措施：大风时尽量减少外出，必须外出时不要在广告牌、临时搭建筑物下面逗留、避风。正在开车时，应就近驶入地下停车场或隐蔽处，远离危险建筑物和树木。住在帐篷时应立刻收起帐篷到坚固的房屋中避风。在水面作业时，应立刻上岸避风，船舶要听从指挥，回港避风，帆船应尽早放下船帆。果树等木本作物，采用篷架式栽培，应把枝条绑缚在篷架上，减少大风对树体的破坏，防止吹落果实。

高温及其防治

温度达到或超过35℃以上时称为高温。如果连续3天气温达到35℃时，会发布高温黄色预警信号，如果当日气温达到37℃时，会发布高温橙色预警信号，如果当日气温达到40℃时，会发布高温红色预警信号。一般某日最高气温一旦达到35℃就称当日为高温日。高温不仅影响动植物生长发育，还提高了室外作业的危险性。

对动植物生产而言，应增强通风降温，如进行喷水降温。在设施种养条件下，可加盖遮阳网，或进行玻璃涂白，减少辐射，起到降温作用。现代大型温室中一般配备风机湿帘系统，风机抽走空气，带动湿帘上的水分挥发，从而起到降温作用。日本的双层棚草莓生产中，常用“水幕降温”，即在内层棚膜的上方喷水雾，水雾从内层棚膜上流下形成水幕，一定程度降低了光辐射，水幕流动过程中挥发又带走部分热量，从而起到降温的作用。

对农业从业者而言，应缩短室外作业时间，做好防晒，多饮水，保证睡眠，提高身体机能。浑身大汗时，应先擦干汗水，稍事休息后再用温水洗澡，不宜立即用冷水洗澡，以防寒气侵入肌肤而患病。在安装空调、电扇的室内，空调的设

定温度不要低于26℃，要注意适当通风，防止产生头疼头昏等所谓“空调病”，电扇不能直接对着头部或身体的某一部位长时间吹，以防身体局部受寒。宜吃咸食，多饮凉茶、绿豆汤等，补充因出汗失去的水分、盐分。适量进行体育锻炼，以增强人体的耐热功能，提高适应高温环境的能力。

冷害和霜冻及其防治

低温冷害是指温度在0℃以上，由于环境温度低于农作物生育期的生物学零度，引起农作物的生育期延迟，或使生殖器官的生理机能受到损害，造成农业减产的一种气象灾害。冷害主要发生在春、夏、秋的温暖季节早期，正是绝大多数农作物的生长季节。农作物一旦遭受低温危害，损失严重。由于低温冷害是发生在0℃以上，不是引起植物体冰冻的低温，从直观上看不出作物的受害症状，不易引起人们的注意，所以，冷害与冻害、霜害是完全不同的概念，有“哑巴灾”之称。

霜冻，是一种较为常见的农业气象灾害，是指空气温度突然下降，地表温度骤降到0℃以下，使农作物受到损害，甚至死亡。它与霜不同，霜是近地面空气中的水汽达到饱和，并且地面温度低于 0℃，在物体上直接凝华而成的白色冰晶，有霜冻时并不一定是霜。霜冻通常出现在秋、冬、春三季。

防治措施如下：

① 露天增温法：利用一切条件提高近地面层温度，如布设烟堆、安装鼓风机等，打乱逆温层，对近地层有显著的增温效果，其中熏烟一般能提高近地层温度 1–2℃。但因露天栽培作物地面积一般较大，烟熏法不利于环境保护，因此禁止使用。

②覆盖法：利用覆盖物保护植物体的地上部或地下怕冻部位，减少地面长波辐射，防御寒风侵袭，从而起到防寒作用。覆盖分为水平覆盖和垂直覆盖两种，其中既有直接覆盖在作物上或果树上的，也有搭棚覆盖的，还有采用包扎式覆盖的。低矮的作物，也可用遮阳网或无纺布在受冻的作物畦面上直接覆盖（浮面覆盖）。

③喷化学药剂：该方法是利用生长激素控制果树生长规律，从而增强抗冻能力。这是一种应急措施，必须以掌握短期的寒潮降温预报为前提。

④在寒潮发生后，还可以针对不同作物采取一些简单的防寒补救措施。如橇泥培土护根、压草保苗等。对早播出苗，可以及时搭好小拱棚防寒。各类作物受冻后，要根据冻害程度和苗情，及时追施适量速效氮肥和钾肥，以便促进植株尽快恢复生长。

合理使用农药

农药是重要的生产资料，在防治农作物病虫草害、保护农业生产安全、提高农业综合生产能力、促进粮食稳定增产及农民持续增收等方面发挥着极其重要的作用，但农药的过度使用会对生态环境造成严重威胁。

滥用农药的危害

农药的不合理使用可引起农药在食物、环境中残留毒性的富集效应，间接危及人们的身体健康；农药还可能杀伤有益生物，降低其对有害生物的控制作用，

使病虫抗药性日趋严重。此外，农药残留也是影响农产品质量安全的关键因素，直接关系到农产品的市场竞争力。因此，我们应当树立绿色环保、科学用药的理念。

合理使用农药的基本思路

根据病虫草害发生类型，对症科学用药

准确诊断病虫草害类型、对症用药是科学用药的关键。在使用农药前，应针对作物病虫草害的发生类型，对症选用不同种类的农药进行防治。要正确区分非生物因素引起的生理性病害和由病原微生物引起的侵染性病害，区别侵染性病害中的真菌性病害、细菌性病害病、病毒性病害和线虫性病害，根据病虫草害发生类型科学用药。如咀嚼式口器害虫防治应选用胃毒性或触杀性杀虫剂，刺吸式口器害虫防治应选用内吸性杀虫剂；草害防除应根据防治对象的不同，选用选择性除草剂或灭生性除草剂。在准确诊断的基础上，对症施策，科学用药，精准用药，才能达到良好的防治效果。

遵循《农药合理使用准则》，合理选用农药

①根据防治对象的发生情况及环境条件，确定施药适期。应在害虫未大量取食或钻蛀危害前的低龄阶段防治害虫，通常按照防治指标进行施药，可避免农药使用的盲目性。病害防治适期为病害未发生或发病初期，如在病菌侵入之前或在病害暴发流行预测期之前施用保护性杀菌剂。杂草防除的施药适期是由除草剂性能以及作物、杂草的敏感性决定，如触杀性除草剂应在杂草幼苗期施药。

②掌握有效用药量，适时用药。每种农药针对的防治对象均有一定的有效用量范围，一般在害虫孵化期、病害初发期、杂草萌发前期施药，选用最低有效剂量，即可达到最好防治效果。一般环境气温较高或作物处在幼苗期，施药量可适

当减少；环境气温较低或虫龄较大时，施药量应适当增加。此外，确定施药用量时还应考虑作物的敏感性和环境条件，如土温低、土壤黏性重、含水量少，除草剂用量应适当增加。

③按照防治目标和农药的特性，采用合理的施药方法。针对病虫危害方式、发生部位及农药的特性等，采用适宜的施药方法。如喷雾法、喷粉法、种苗处理法、毒饵法、撒毒土法、土壤处理法、熏蒸法、涂抹法、泼浇法、诱杀法等。施药方法直接关系到防治效果，只有选择正确的施药方法，才能有效发挥农药的防治作用。

④合理复配、混用农药。将两种或两种以上农药制成混剂，或在使用前，将两种或两种以上农药产品复配混用，可达到一次用药防治多种病虫的目的。但应遵循两种混用农药不发生化学变化、物理性状保持不变、对人畜和有益生物毒性不增加、混用的农药品种具有不同作用方式和不同防治靶标、混用后药效增加且活性物质不降低、农药残留量低于单用剂型等原则。

⑤合理轮换使用农药。区域内长期使用同一种农药，易使害虫产生抗药性。因此，药剂防治时应轮换使用不同种类的农药，以避免害虫产生抗药性。

按照《农药安全使用规范》，安全使用农药

农民应在专业农技人员的指导下，贯彻“预防为主，综合防治”的植保方针，做好农药安全使用和安全防护技术培训，推广使用高效、低毒、低残留农药，按

照《农药安全使用规范》和《农药合理使用准则》等有关规定使用农药。

①选用新型高效的施药器械。老式防治器械“跑、冒、滴、漏”现象严重，损耗高、效率低，防治效果差。近年来，随着科技的发展，电动喷雾器、手提式水雾烟雾机、背负式弯管烟雾机、植保无人机、履带式喷药车、大型喷杆喷雾机等新型器械发展迅速，被广泛应用于生产实践，取得了较好的防治效果。这类新型器械具有节省人力、农药损耗低、作业效率高、防治效果好等特点，是现代农业发展的必然选择，应大力推广应用。

②选用生物农药和高效低毒低残留化学农药。用生物农药替代化学农药、低毒农药替代中等毒性农药、中等毒性农药替代高毒农药。严格遵守高毒、禁限用农药使用规定，严禁在蔬菜、茶叶、果树、中药材等作物上使用高毒农药，严格掌握农药使用安全间隔期，严格控制农产品中农药残留量，杜绝农药残留超标现象，1 种农药在 1 种作物的生长周期内只使用 1 次。

③准确配制农药。核定施药面积，按农药标签推荐使用剂量，准确计算用药量和配制的药液量，采用“二次稀释法”配制农药，不随意加大或减少用药量、用水量，在专用的容器中搅拌混匀。一般配制药液量根据作物群体的大小及施药器械而定，保证药液能均匀地洒到作物上。农药废弃包装物和残液要集中处置，不能随意丢弃和抛洒。

④安全施用农药。根据病虫草害发生程度和药剂性能，结合植保技术机构病虫防治信息，确定最佳施药时期；选用适宜的防治器械，施药作业前调校准确；采用适宜的施药方法施药，如喷雾法应均匀喷洒、雾化好，防止重喷漏喷；对准靶标位置施药，如防治稻飞虱施药部位是稻株的中下部，防治稻纵卷叶螟的施药部位是上部嫩叶部分等。另外，避免在高温、雨天及大风天气喷药。施药后及时检查防效，如防效不理想，应及时补救。同时，应做好施药人员的安全防护。

⑤降低农药残留量。影响农药残留的因子很多，如农药品种及剂型、施药量、施药方法、施药时期、天气情况、作物种类、安全间隔期等。其中，农药品种、

用药量及安全间隔期对农药残留量影响最大。选用高效、低毒、易降解的农药品种是前提，控制农药用量、降低农药使用次数是关键，严格掌握农药安全间隔期是保证。

⑥推广农药安全使用集成技术。推广绿色防控技术，应用农业、物理、生物、生态等综合防治技术以及科学用药技术，达到有效控制作物病虫害，确保农产品质量安全。推广农药减量化使用技术，落实农药使用零增长行动。培育专业化防治组织，引导专业化防治队开展统防统治及社会化服务。推进专业化统防统治与绿色防控融合，集成示范推广综合配套的专业化技术服务模式，逐步实现农作物病虫害全程绿色防控规范化作业、规模化实施。

纳米农药应用案例

纳米技术在农药加工领域的创新应用，可显著提高农药利用率，延长持效期，减少农药投入。南京善思生态科技有限公司研究团队自2004年来，在国家自然基金的资助下，研究纳米微球悬浮剂，攻克了多个纳米农药制备的原始创新技术。2012年，受南京市科技项目资助后，开始进行系列纳米农药技术的产业转化。截至目前，团队不仅已经研发了系列具备纳米性能的农药单剂，近年来还聚焦植保无人飞机对高性能药剂的需求，创新研发“纳米农药预混技术”。2022年，公司联合中国农业大学共同承担了国家重点研发计划项目“RNA纳米农药关键技术创新与应用”，从另一个角度开启了纳米农药的研发与应用，助力国家“双减”战略的落实。

家庭农场

如何在维持家庭承包经营制度基本稳定的前提下实现小农户和现代农业有机衔接，促进农业产业发展和农民增收，是新时代中国农业现代化发展要面对的时代命题。发达国家的历史经验和中国的基层实践均表明，家庭农场是在家庭经营的基础上实现农业现代化发展的有效模式。

自 2013 年家庭农场的经营模式写入中央一号文件以来，国家连续数年在中央一号文件中提出要支持家庭农场的发展，目前已取得了一定的成果。但是，受环境、资金等因素的限制，家庭农场的发展仍面临一些问题，这些问题引起了党中央的重视。2023 年的《政府工作报告》提出，要抓好家庭农场和农民合作社发展。2023 年中央一号文件也指出，深入开展新型农业经营主体提升行动，支持家庭农场组建农民合作社，合作社根据发展需要办企业，带动小农户合作经营、共同增收。

什么是家庭农场

家庭农场是指以家庭为基本经营单元，从事农业适度规模经营，以农业生产经营收入为家庭主要收入来源的新型农业经营主体。家庭是家庭农场的经营主体，但这又与传统农业中的家庭经营不同。家庭农场中的家庭经营是以企业化、集约

化、商品化方式进行的社会化生产，而不是传统农业中的小农生产方式。社会化生产客观要求家庭农场形成适度的规模。因此，带有社会化生产方式的家庭经营是家庭农场的本质内涵，而土地的适度规模是家庭农场的外在表现。

根据经营对象不同，家庭农场主要分为三大类，分别为种植类家庭农场、养殖类家庭农场和种养结合类家庭农场。但不论是什么类型的家庭农场，在现阶段都有以下特征：

家庭成员是农场主要劳动力

家庭农场以家庭为生产经营单位，主要依靠家庭成员而不是雇工从事生产经营活动，仅在农忙季节有少量的季节性雇工。家庭农场以家庭为基础进行农场生产、要素投入、产品销售、运营管理等环节。家庭成员劳动力可以是户籍意义上的核心家庭成员，也可以是有血缘或姻缘关系的大家庭成员。

主要从事农业生产活动

家庭农场主要进行种养专业化生产。区别于自给自足的小农户以及从事季节性生产的半农户，家庭农场主要提供商品性的产品，家庭成员在农闲时可以外出打工，但其主要的工作场所仍然是所在农场，且其主要收入来源是农场生产经营收入。

农场规模适宜

家庭农场的适度规模经营主要体现在两方面：一是种养规模要同家庭成员的劳动生产能力和经营管理农场的能力相匹配，符合地方规模经营标准，确保家庭成员能够胜任农场生产经营任务；二是能够取得相对较好的收入，不但能够满足生活需求，而且能够维持农场的良好运作，在收入水平上能接近甚至达到城镇居民的收入水平。

我国现有的家庭农场根据地理特征和发展水平差异主要有四种代表模式：①东北模式：我国东北广大平原地区因机械化有了一定的历史，边境贸易发达，一般经营对象主要是粮食和林业，规模化水平和机械化水平为主要特点；②华北模式：华北是我国传统的蔬菜和粮食主要产区，这一地区的家庭农场区域合作性强，特色化经营成为主要特点；③南方模式：我国长江流域以南地区，水资源丰富，家庭农场的主要经营对象为水稻、水产和林业，这些地区土地流转快，劳动力素质高，政策支持力度大；④西北模式：西北地区多为我国的干旱半干旱地区，属于灌溉农业区，主要经营对象为畜牧业和种植业，规模化林牧业和节水农业是这一地区家

庭农场的主要特点。

以江苏省为例，截至 2023 年 5 月底，纳入名录管理的家庭农场有 16.8 万家、各级示范家庭农场近 2 万家。全省家庭农场土地经营面积 2200 万亩，占承包土地流转面积近七成，家庭农场已成为江苏省农产品稳产保供的重要力量和农民增收致富的重要创业平台。

家庭农场的应用优势

规模化生产，紧密地结合各类生产要素，提高生产效率

家庭农场将家庭经营模式和企业经营模式融为一体，既可以保持农业家庭生产经营的广泛适应性优势，又可以发挥其按照市场规律运作和现代化企业经营模式的优点。家庭成员对大部分生产要素拥有所有权和支配权，可极大提高管理效率，也有助于各类生产要素更有效地结合，同时还能进一步降低生产中的组织成本和交易成本，达到提高生产效率的目的。

科学引领，有利于保护农业生态环境，发展前景广阔

家庭农场有利于政府相关部门对农业环境的变化进行监测和管理。同时，家庭农场的经营者对长远发展和长期收益认识程度将逐步提高，具有自发采用现代化农业生产技术与管理方法的敏感性和自觉性。从长远来看，实施家庭农场将有助于科学开发和有效利用土地、水和畜牧资源等农业资源，有效推进化肥、农药等农业化学制品由大量化、盲目性向精细化、简约化转变，由传统农业向现代农业发展模式转变，有效防止农业污染，有益于推进循环经济型的环境友好农业产业可持续发展，实现农业生态效益和经济效益的统一。

标准化生产，有利于保障产品质量安全，优质保障收益

实施家庭农场经营模式后，农产品的产地环境产权非常明晰，产地环境质量保护的相关责任人也会更加明确，这有利于相关部门对农产品生产过程进行全面而有效的监督，再加上家庭农场生产的农产品将直接面向市场，产品质量好坏直接影响并反馈到家庭农场的经营者。这势必要求家庭农场经营者必须注重把控农产品的安全，以在消费者中树立良好的市场信用。经营者还可以因地制宜，生产经营符合产地环境质量和生态质量的特色农产品。

特色化经营，有利于促进乡村旅游业发展，推动收入多元化

发展家庭农场有助于生产者发挥自己的专业优势，形成独具特色的经济发展模式，带动周边城市居民前往农村体验生态旅游、休闲旅游。通过现代科技辅助农业生产，带动了农民就业，增加了农民收入，提高了农民整体的素质。现在各地很多家庭农场将观赏动物养殖、水果采摘和旅游业有机结合，覆盖了一二三产业，极大推动了农民收入多元化。

最后，应重点提醒，家庭农场的经营应当遵守国家法律法规，遵循安全生产原则，尊重农民合法权益，不侵犯消费者权益。以江苏省为例，2023 年 9 月 27

日江苏省第十四届人民代表大会常务委员会第五次会议通过了《江苏省家庭农场促进条例》。《条例》规定家庭农场不得有下列行为：（一）擅自将流转经营土地再流转给第三方；（二）损害农田水利、林网等基础设施；（三）从事掠夺性经营，损害土地、其他农业资源和生态环境；（四）擅自改变流转经营土地的农业用途；（五）采取弄虚作假、隐瞒真实情况等手段，套取政府扶持项目和资金；（六）违反法律、法规的其他行为。家庭农场有以上所列行为的，依法承担法律责任；三年内不得评定为示范家庭农场，已经被评定为示范家庭农场的，取消其示范家庭农场称号。

以后的农业发展，应当进一步鼓励家庭农场与农民合作社融合发展，鼓励专业农户（家庭农场）扩大生产经营合作，开展统一生产经营服务。一方面，要引导专业农户以家庭农场为基础，通过合作形式建立新型农民合作组织（甚至是新型集体经济组织），提供农业社会化服务，发展涉农物流、农产品加工等，延长农业产业链、提升农民收益；另一方面，允许土地承包权量化折股，在不改变土地集体所有制的前提下提升土地资源配置效率。

“百佳家庭农场”的经营窍门

江苏作为农业经济大省，人均耕地少、劳均耕种面积小的省情，决定了实现农业现代化必须提高农业劳动生产率和产出效益。各地持续开展培育壮大新型农业经营主体发展的制度创新，农业社会化服务水平迈上新台阶。

高淳区东坝街道陈福明家庭谷物农场是南京市农业重大技术协同推广计划油菜产业核心示范基地，种植5000多亩水稻，执行水稻油菜轮作制度，农场平时雇工仅20余人，但农场配备了稻茬油菜耕翻机条播、无人机（飞播）、毯状苗免耕机械移栽机，以及2BF-8型油菜旋耕开沟施肥播种一体机等新型现代化农机具，大大提高了生产效率，尽管种植面积是以前的十多倍，但感觉种田越来越轻松。每年新大米10月下旬收割时就开始预售了，品种以南粳46为主，新大米食味值在83—85之间，达到国家二级优质粳米标准。食味值可以反映稻米的口感和品质，数值越高，米饭越好吃。据悉，陈福明家庭谷物农场自有大米品牌销售价格每公斤11.6元到20元不等。2023年，该家庭农场被评为江苏省“百佳家庭农场”。

盐城在全省率先成立家庭农场联盟。引导家庭农场开展合作，发挥家庭农场协会服务带动作用。滨海县提升“龙头企业＋合作社＋家庭农场”经营主体质效，打造“滨海四鲜”农产品公共品牌和白首乌地理标志认证，于2011年11月22日成功注册。2017年被评为江苏十大人气地标品牌；2022年被中央电视台《远方的家》栏目组采访报道；建成农业社会化服务联盟“三级网络、四大服务、五公里服务圈”，改造提升滨海农产品上海配送中心1个和上海本地直销窗口15个。截至2022年8月，江苏省获农业农村部颁发的农产品地理标志已达141项。

方兴未艾的民宿产业

2023年中央一号文件中提出，实施乡村休闲旅游精品工程，推动乡村民宿提质升级。不少地区将乡村民宿产业作为乡村旅游的重要抓手，因势利导、因地制宜，多元协同促进乡村民宿发展，助力乡村振兴。

民宿的概念

民宿又称家庭旅馆，是指利用一般住宅有偿提供给游客的住宿方式。民宿作为当下较为流行的旅居形式，呈现出多种多样的形式和特点。在日本，政府将工作人员不超过5人，经营规模不超过10间，且价格不贵的住宿作为民宿的认定标准。除了一般常见的饭店及旅馆之外，其他可以提供旅客住宿的接待场所，如民宅、休闲中心、农庄、农舍、牧场等，都可以归纳为民宿。

我国民宿行业起步相对较晚，早期的民宿只是农民将自己家的部分起居室出租给游客。但随着民宿业的不断发展，其定义也逐渐得到完善，即在原有的基础上增加了许多限定条件，使其与一般的旅店区分开来。它不同于传统酒店，能让人体验当地风情，感受民宿主人的热情与服务，体验有别于以往的日常生活，且更加关注居住体验过程中“以身体之，以心验之”的舒适的心理感受。

民宿和传统酒店的区别

	民宿	酒店
经营方式	作为家庭副业经营	专业经营
使用空间	使用住宅空余的空间	使用专用营业空间
客户数量	客房数量相对比较少	没有具体数量的限定
环境特点	与周边环境关系紧密，常借助附近自然及人文资源，与周边社区共荣共生	不主动提供与周边社区的交流活动
社区关系	民宿与当地居民和团体互动性高	少与当地居民和团体互动
硬件设施	简单，可满足基本需求	要求标准配套设施
服务人员	主人或当地管家服务，强调风土人情与家庭氛围	专业人员提供服务，追求标准高效
服务项目	较少	可提供多种内部服务，如商店、美发、餐饮、运动设施等

民宿的类型和特点

根据其发展的类别，可分为传统民宿和现代民宿；根据地理位置，可分为乡村民宿和城市民宿；按服务功能，可分为单一服务型民宿和综合服务型民宿；按规模又可分为居家散落型、单独打造型、小簇集群型和新建型民宿；根据民宿发展层级可分为一般民宿、精品民宿和主题民宿；按产权，民宿又可分为私有民宿、集体所有民宿、国有民宿。

作为一种新兴的旅游产品，民宿主要有以下几个基本特点：

个性特征鲜明

传统的民宿源于老百姓的住宅。百姓分布各地，接受不同文化、不同风俗、不同传统、不同家教的熏陶，在选择和建设自己的住宅时，无不受到这些因素的影响，因此，住宅各具特色。此外，由于是民居，最初的目的是自用，所以在房屋选址、朝向、设计、用料、内饰、规模、体量等方面，都充分体现主人的意愿。

文化特征明显

民宿是一种建筑，建筑也是一种文化，是文化的物化表现形式之一。因此，民宿虽然个性化特征明显，但脱离不了当地文化的影响，在外观、建筑风格、内部设施等方面都能体现独有的文化特色。

“乡愁”味浓厚

由于民宿历史痕迹明显，乡土气息浓厚，贴近甚至融入百姓生活，因此，很容易引起人们的思乡之情，勾起人们的儿时回忆，是典型的“乡愁”型旅游产品。这是民宿的典型特征，也是民宿的吸引力、生命力所在。

观赏性、体验性和研究价值并重

一幢民宿，往往是一段历史的截图，一种文化的化石，一种风俗的遗存。同时，住民宿可以让人体验当地百姓的生活，领略当地的民风民俗，品味地道的当地美食，其体验性不同于住宾馆酒店。此外，有的民宿由于其历史性、文化性特征，具有较高的研究价值。

民宿产业提升策略

民宿作为当前都市周边短途旅游的重要载体，是旅游板块中最具希望的亮点，在一定程度上迎来了新的机遇。但我们也应当看到，我国乡村旅游民宿业发展还存在假日经济明显、文化内涵挖掘不深、营销能力有待提升、行业管理尚存在壁垒等问题。未来还有较大提升空间。因此，在做好加强政府引导，注重整体规划，完善管理政策，实施信息化管理，积极打造品牌的基础上，我们还应当做好以下工作，以进一步提升民宿产业的品质，实现民宿产业的高质量发展：

准确定位民俗行业

正确认识民宿行业的进入门槛，界定民宿的申办条件、经营规模，确保民宿发展的宗旨、特色与健康方向，在实践中特别注意防止两种不良倾向。一种是类酒店化的开发倾向，鼓励企业进入、包村开发、上规模经营，将民宿当作酒店去发展，造成行业管理的混乱和不公平竞争，不利于保持民宿行业的特色；另一种是类似农家乐的发展倾向，鼓励不具备能力和条件的农民去投资、经营民宿，结

果还是造出一批农家乐，造成产品过剩，降低民宿行业的竞争力。因此，要对每个民宿申请主体在经营规模上要有所控制，不鼓励大规模开发，要追求民宿发展的本义。

加强服务人员培训

加强民宿行业的互助学习与培训，完善民宿从业人员的社会保障，加强第三方平台的介入与支持，保障民宿的持续、健康经营。要重视民宿行业人员的培训，加强业主之间交流与学习，不断提高业主的产品更新能力与经营水平；完善本地区民宿从业人员的社会保障问题，形成较好的民宿招工、用工机制，形成一个较灵活的劳工储用机制，确保淡旺季服务人员的及时配备与动态性调整；鼓励第三方平台介入，包括专业管理公司、创投服务中心和网络电商平台等，为民宿业主提供更专业的服务，保障创业的成功率和行业发展的健康性。

江宁区民宿产业蓬勃发展的经验

在国家政策的鼓励及市场的不断推动下，全国各地发展了许多不同类型的民宿，尤其是江苏、浙江等省民宿产业的发展，成为全国各地乡村振兴、发展民宿的榜样。如：南京江宁区深入践行“绿水青山就是金山银山”的发展理念，大力发展乡村民宿产业，总结了一些实践经验：

1. 强化政府引导，完善管理政策

随着党的十九大提出乡村振兴战略之后，各级政府均出台相关扶持政策，鼓励发展乡村民宿。2016 年 11 月，江宁区出台了《关于加快发展乡村民宿的指导意见》，提出要依托江宁农村独有的自然资源、生

态禀赋和区位优势，大力发展以乡村民宿为核心的旅游综合体，并在设立民宿发展专项资金、完善土地政策、便捷审批办理等方面都做出了部署安排，对发展乡村民宿起到了积极扶持的作用。

2. 立足特色资源，整体整合规划

依托区域内卓越的山水资源和毗邻南京大都市的便利条件，江宁区民宿产业围绕着美丽乡村建设的主线，大致可布局为西部生态民宿先导区、东部温泉民宿示范区、中部水乡民宿集聚区三个特色区域，盘活了“红色·记忆”、“亲子·野趣”以及“都市·夜景”等多条精品文旅线路。

3. 紧跟政策导向，打造民宿品牌

立足精品化发展思路，江宁已形成主题鲜明，能够满足个性化、多样化需求的特色精品民宿接近100家，“江宁百宿”的知名度和吸引力不断增强。

4. 共治共谋共享，实施信息化管理

围绕精细化管理、信息化支撑、精准化服务，构建形成的全要素网格化社会治理“江宁模式”，成为全省基层社会治理创新的一个样板。民宿产业也得益于信息化管理的优越性，江宁成功创成国家街道服务管理创新实验区，“五治融合”乡村治理入选全国典型案例。

现代化畜禽养殖

随着我国畜牧业持续快速发展，传统的畜禽养殖模式已不适应现代畜牧业的要求。现代化畜禽生态健康养殖生产模式是转变养殖业生产方式、促进畜牧业转型升级、实现农业现代化的重要途径之一。2023 年中央一号文件中提出“推进畜禽规模化养殖场和水产养殖池塘改造升级”。绿色、环保、高效成为现代养殖业发展的必然趋势，动植物间综合利用资源，可促进养殖动物健康、快速生长，降低生产成本，减少环境污染，保护生态环境，创造出明显的经济效益和社会效益。

什么是现代化畜禽养殖

畜禽是畜牧生产最基本的要素，畜禽良种是推动畜牧业发展的基础和核心。畜牧业是从事畜禽养殖，为人类提供生产与生活资料的产业。畜禽生产是人类利用驯养动物的自然再生产能力，以植物性和部分动物性产品为主要食物（饲料），获取人类必需动物性产品的整个过程，是自然再生产和经济再生产的有机整体。

畜禽养殖是指为人们提供优质畜禽产品和精神享受为主要目的的农业生产活

动。现代化畜禽养殖[1]是现代化农业的重要组成部分。养殖业的现代化是动态发展的。随着科学技术的进步和生产力的发展，现代化畜禽养殖的内涵也不断更新和升级。现代畜禽养殖是在传统畜禽业基础上发展起来的，是现代畜牧兽医科学技术和装备及经营理念武装，基础设施完善，营销体系健全，管理科学，资源节约，环境友好，质量安全，高产高效的养殖产业。

《中华人民共和国畜牧法》第二条规定“本法所称畜禽，是指列入依照本法第十一条规定公布的畜禽遗传资源目录的畜禽”。

2019 年 5 月 29 日，经国务院批准，农业农村部正式公布《国家畜禽遗传资源目录》，首次明确了家养畜禽种类 33 种，包括地方品种、培育品种、引入品

① 官方对现代畜牧业有这样的描述：现代畜牧业是高产、优质、高效、生态、安全的畜牧业；现代畜牧业是专业化、规模化、集约化程度高，可控性强的畜牧业；现代畜牧业是技术密集、工程化程度高、科技含量高的畜牧业；现代畜牧业是实行饲料、养殖、加工、销售一体化经营的完整产业体系，商品化程度高，产品竞争力强。

种及配套系。其中，传统畜禽 17 种，分别为猪、普通牛、瘤牛、水牛、牦牛、大额牛、绵羊、山羊、马、驴、骆驼、兔、鸡、鸭、鹅、鸽、鹌鹑；特种畜禽 16 种，分别为梅花鹿、马鹿、驯鹿、羊驼、火鸡、珍珠鸡、雉鸡、鹧鸪、番鸭、绿头鸭、鸵鸟、鸸鹋、水貂（非食用）、银狐（非食用）、北极狐（非食用）、貉（非食用）。《目录》属于畜禽养殖的正面清单，列入《目录》的，按照《中华人民共和国畜牧法》管理。《目录》包括家养的传统畜禽 17 种和特种畜禽 16 种，共 33 种畜禽 49 个品种，实现了畜牧生产用畜禽和野生动物的严格界定，有助于规范畜禽养殖管理，维护畜牧业生产秩序。

根据家养畜禽与野生动物界定的基本原则和畜禽的定义，某些在民间具有一定饲养规模的动物未列入《目录》，例如，黑天鹅、鸿雁等禽类人工驯养时间短，种源需要从野外采集；果子狸、竹鼠等携带的病原体背景不清，公共卫生安全风险较大；蛇、蛙及昆虫等不属于《畜牧法》管理的家养畜禽（哺乳类和鸟类）范围，不宜列入畜禽目录。

现代化畜禽养殖的主要模式

畜禽养殖产业的现代化建设是一个系统工程，它涉及畜牧业基础设施更新、生产组织方式转变、经营主体素质提升、管理方式改进等多个方面，涉及政府、畜牧企业、农（牧）民等多个主体层次，受资源、资本、劳动力和技术等因素的影响，加之各地自然经济条件的差异，世界各国及地区在畜牧业现代化过程中逐步形成了四种各具特色的发展模式：

现代草地畜牧业

主要是指以天然草地为基础，围栏放牧为主，资源、生产和生态协调发展的畜牧业类型。在这种发展模式中，草地是基本的生产资料，饲草是畜牧业发展的主要投入要素，草地资源相对丰富是现代草地畜牧业发展的关键因素，其典型代表主要有澳大利亚和新西兰，两国充分利用当地丰富的草地资源，大力发展现代草地畜牧业，使当地畜牧业逐步进入了规范化、低成本、高效益发展的现代化轨道。

大规模工厂化畜牧业

主要是指以规模化、机械化、设备化为主要特征，精饲料、资本和技术密集投入的高投入、高产出、高效益畜牧业类型。如：美国地域广阔，土地资源丰富，劳动力资源紧缺，资金技术实力雄厚，具备发展大规模工厂化畜牧业的基本条件。在养牛、养猪和养鸡产业方面的机械化和设备化程度均很高。目前，美国畜牧业正向智能化、信息化的方向不断发展。

适度规模经营畜牧业

主要是指规模适度、农牧结合、环境友好的畜牧产业模式，其典型代表主要有荷兰、德国和法国等畜牧业发达的国家。这些国家地形以平原为主，温带海洋性气候，适合畜牧业发展。草地资源比较丰富，但不如澳大利亚、新西兰，耕地

资源相对丰富，却又不如美国，规模仍然偏小；劳动力资源有限。因此，大部分欧洲国家走了一条适度规模经营、种植业与畜牧业相结合、环境友好的道路。为防止粪便污染，政府规定畜禽粪便送到大田或草地，施入土壤中。对于过剩粪肥，制定了粪肥运输补贴政策，进行脱水后加工成颗粒肥或专用肥。

集约化经营畜牧业

指针对土地资源稀缺，以资金和技术集约为主要特征的畜牧业发展类型，如日本、韩国及我国台湾地区的畜牧业，其共同特点是，人多地少，经济和科技水平较高，畜牧业资源相对贫乏，畜牧业发展受自然资源约束比较明显。畜牧业发展主要以家庭农场饲养为主，发展适度规模，进行集约化经营。具体表现为从事畜牧业的农户数逐年减少，经营规模适度扩大。畜牧业发展的资金和技术集约度不断提高。

基于集约化的现代化养殖要点

选址布局科学合理

场址选择应在遵循当地土地利用总体规划的前提下，避开禁养区域。做好畜禽养殖备案登记，符合动物防疫条件的基本要求；地势平坦、背风朝阳，远离生活饮用水源地、动物屠宰加工场所、动物和动物产品集贸市场、动物隔离场所、无害化处理场所、动物饲养场（养殖小区）、城镇居民区、文化教育和科研院所等人口集中区域及主要交通干线附近等；圈舍建筑朝向一般采用朝南、偏东或偏西方向，圈舍之间保持标准间距，饲养规模越大间距也要相应加大，防疫隔离设施要完善。

养殖规模适度可行

养殖规模要与场区土地面积、周边环境相匹配。一般情况下，饲养密度：种公猪限位栏≥ 1.0 m^2/ 头，能繁母猪≥ 5.5 m^2/ 头，育肥猪≥ 0.8 m^2/ 头；笼养产蛋鸡≥ 380 cm^2/ 只；一般牛舍≥ 6.0 m^2/ 头，采用自由散栏式饲养方式≥ 10.0 m^2/ 头；羊舍≥ 0.8 m^2/ 只，种公羊≥ 4.0 m^2/ 只，成年母羊≥ 1.0 m^2/ 只。

生产方式先进有效

坚持封闭式饲养，推行场区内人员、畜禽与物品等单一流向，实行整场或单栋圈舍全进全出制；不同畜、禽饲养方式不同，如猪场提倡自繁自养，推广人工授精、仔猪早期断奶等技术；蛋鸡采用笼养或网上平养等饲养方式；蛋鸭采用网上或地面平养等饲养方式；肉鸡采用网上平养与放牧补饲结合等饲养方式；肉鹅采用舍饲与放牧饲养结合等饲养方式；配备自动喂料、饮水、集蛋、挤奶等养殖设备以及湿帘、风机等环境控制设备和封闭隔离设施；科学配制日粮，规范饲养管理。

档案记录规范化

建立健全岗位责任、防疫消毒、档案管理等生产管理制度，并做到制度上墙、落实到位。

投入品使用正确规范

不得使用法律法规、国家技术规范禁止使用的饲料、饲料添加剂、饲料等；兽药使用应遵医嘱；严格执行兽药休药期有关规定。

严格落实防疫措施

严格按照动物防疫条例规定的要求执行，并应取得《动物防疫条件合格证》；

生产区入口处有更衣消毒室，每栋养殖舍的出入口设置消毒池或者消毒垫；有相对独立的引进动物隔离舍和患病动物隔离舍。建立完善的动物防疫管理制度，包括免疫工作制度、卫生消毒制度、无害化处理制度等，并认真执行；饲养场工作人员定期进行健康检查，患有相关人畜共患传染病的人员不得从事动物饲养工作。

严格执行粪污治理

粪污治理要做到生产工程与治污工程同时规划、同时建设、同时使用；场区内改粪污明道为暗道，雨污分流；粪污处理实行干湿分离、固液分离；做好堆肥措施和废液废固的综合利用与达标安全排放，走市场化治理之路。

跟上农业信息化的步伐

随着国家“互联网+”政策的推进落实，移动互联网服务深入到广大农村地区。据统计，截至2022年12月，我国网民规模达10.67亿，较2021年12月增长3549万，互联网普及率达75.6%。智能手机的普及、移动网络的覆盖为农民朋友带来了最新的技术资讯、国家政策等信息。与农业科学相关的便民网页、平台、工具软件或手机App、微信公众号等层出不穷，大大拓宽了农业生产者获得信息的来源。但同时，那么多平台、软件和网页，也增加了农业从业人员甄别信息的难度和工作量，有时甚至造成信息垃圾过多的问题。现列举出一些权威性和可信度较高的平台，供农民朋友们参考：

农业信息服务相关

全国农产品商务信息公共服务平台（mofcom.gov.cn）

该平台由商务部主办，是以新农村商网为基础改造而来的、农产品流通领域的公共信息服务平台，下设农业资讯、价格行情、电商兴农、区域农产等服务频道。价格行情涉及粮食作物、蔬菜瓜果、畜禽水产品等，累计发布全国177家批发市场，486个品类，3032.51万条农产品价格行情信息。数据及时、全面并且适时更新。

提供多种农产品的近两年的价格走势，并设有19个常见种类产品，如：猪肉、牛肉、黄瓜、大米等产品价格的快捷查询引擎。对不常见的目标种类或品种，也可以通过搜索引擎，录入种类名称进行查询。还可针对不同种批发市场适时提供的农产品进行价格走势信息的查询。该平台旨在进一步发挥政府在涉农公共信息服务方面的指导作用，帮助农产品供需双方更好地实现良性互动和日常对接，拓宽农产品销路，促进农产品流通，带动农村经济发展。

中华粮网（cngrain.com）

中华粮网提供粮油饲料原料大宗农产品价格与行情信息，是大型垂直专业化门户网站，粮油大数据信息决策分析平台，提供最新最专业的粮油饲料原料市场价格查询，行情走势分析和数据查询下载。中华粮网是农产品信息发布网站，是现阶段国内粮食行业中，著名的数据信息和智能化建设服务商。经过多年的培育和建设，网站已拥有权威的信息渠道、庞大的价格与市场数据，以及专业的市场分析决策系统、广泛的粮油行业客户资源。

中国粮食信息网（grainoil.com.cn）

中国粮食信息网是国家粮油信息中心发布信息的重要平台。国家粮油信息中心为国家粮食和物资储备局直属联系单位，主要为国内粮食流通、生产、加工企业，提供粮油市场信息服务，品种涵盖饲用谷物、食用谷物、油脂油料、禽畜、饲料产品等，服务模式包括定期报告、项目委托等，用户覆盖粮油企业、金融机构、政府部门等。中心还承办国家粮食和物资储备局交办的各类事项。

农业新闻资讯相关

中国农村网（crnews.net）

中国农村网是服务全国农村的中央新闻综合网站，是农业农村部直属事业单位，《中国农村》杂志社旗下的权威资讯平台。该网站依托中国农村杂志社系列刊物的内容优势、品牌优势，聚焦农村各个领域坚持广度深度相结合，以专业视角输出高品质内容，包括宣传涉农政策、沟通城乡信息、反映百姓心声等，堪称是三农工作者的良师益友和农民致富的好帮手。

中国农网（farmer.com.cn）

中国农网是农业资讯网站，是中央级综合性大报《农民日报》的大型网上信息发布平台，是国家权威"三农"主流网络媒体，是农业农村部权威涉农信息发布的重要窗口。网站采用文字、图片、动漫、短信等方式，依托农民日报、中国农村信用合作报、中国渔业报、中国畜牧兽医报等报纸和中华全国农民报协会各省市会员单位的采编力量，面向国内外发布信息。

综合功能平台

国家农产品质量安全追溯管理信息平台（moa.gov.cn）

该平台是农产品质量安全监管和国家电子政务建设的重要内容，由农业农村部农产品质量安全中心开发建设，为各级农产品质量安全监管机构、检测机构、执法机构以及广大农产品生产经营者、社会公众提供信息化服务。

农业生产者可将农产品生产操作流程有关信息输入标准化数据库，统一录入国家质量可追溯软件程序。其次，在产品收获时，该产品身份信息在数据库中完整记录，数据库给产品一个专有身份识别码。当产品发送至加工者手中时，识别码可随产品标识传递给加工者，加工者通过识别码了解数据库中产品信息，并将加工信息录入数据库，最终获得产品生产与加工两部分信息的新识别码，传递至销售者。

农技耘 App

农技耘 App 是江苏农业科技服务云平台手机客户端，整合全省农业科技推广基础资源，建设集“农技推广专业知识库、专家问诊、视频诊断、信息采集、新闻发布”为一体的江苏农业科技服务大数据公益平台，为广大农户提供“全天候、顾问式”的线上技术服务。

农技耘 App 设有省、市、县三级地区分类选项，为全国各地的用户信息发布和获取提供了稳定、高效的渠道。农技耘 App4.0 版于 2022 年 11 月更新发布，该版本对接“苏农云”多个业务系统和对外服务 App，优化升级功能应用，为用

户提供数字化、智能化、个性化“一端通达”便捷服务。农技耘 App 有以下实用功能：①集聚科教推广资源，强化农业支撑。如新开“头雁培育”专栏，为学员提供一学期线上学习服务；新开“农村金融”栏目，与银行等金融单位合作，推广专项贷款及担保线上服务。②功能应用开发。开发手机直播（手机视频诊断）与远程培训功能，支持演播室、会场、田间地头等不同场景下手机视频直播与线上培训项目的实施；开发问答库功能，为用户获取信息提供智能搜索与关联推荐等智能化服务。③提升用户服务。在 App“我的”模块中，集成“订阅农事”“订阅专家”“常用栏目”“我的好友”等应用，提供个性化订阅服务；优化用户积分管理，激励提升用户黏性与平台活跃度。

参考文献

[1] 张佑，周俊强，李停 . 实现农民土地产权：新中国成立以来农地制度改革的中心问题 [J] . 农业经济，2023，（03）：71–73.

[2] 郑淋议 . 农村土地制度改革视域下的共同富裕研究——以产权开放为分析线索 [J] . 中国经济学，2023，（02）：261–289.

[3] 陈云萍 . 探索农业科技创新推进农业现代化的实践路径 [J]. 新农业，2023，（11）：87–88.

[4] 郑坤，梁玉琴 . 我国现代农业产业园发展历程及未来趋势 [J]. 现代农业科技，2019，（23）：237–239.

[5] 吴宗钒，易春龙，吴争光，等 . 我国智慧农业的发展现状、路径与对策建议 [J] . 智慧农业导刊，2024，4（10）：1–4.

[6] 雒旭康，丁晴，赵义茜，等 . 智慧农业发展现状、问题及对策研究 [J] . 南方农机，2024，55（04）：100–103.

[7] 焦翔，修文彦 . 国际有机农业发展经验及对中国的启示 [J] . 世界农业，2021，（11）：74–80+100.

[8] 王楠，张相锋，焦子伟 . 国内外有机农业病虫害防治技术研究进展 [J] . 江苏农业科学，2019，47（22）：37–42.

[9] 韩轶强 . 农业产业链视角下江苏农产品品牌建设研究 [J] . 江南论坛，2020，（09）：10–12.

[10] 季辉 . 探索农业品牌强省的江苏路径 [J] . 唯实，2023，（02）：58–60.

[11] 陈文科 . 农业灾害经济学原理 [M] . 太原：山西经济出版社，2000.3

[12] 丁君 . 我国农业灾害防治的问题及对策分析 [J] . 农业灾害研究，2014，4（01）：55–57.

[13] 崔冰阳 . 河北省农业灾害应急预案问题研究 [D]. 河北农业大学，2022.

[14] 裴美兰 . 科学合理使用农药保障农产品质量安全 [J] . 吉林农业，

2017，（24）：86.

[15] 秦燕 . 探讨科学合理使用农药和保障农产品质量安全的举措 [J] . 种子科技，2018，36（04）：89–92.

[16] 李永安 . 家庭农场发展规模与“小农”“大农”转化逻辑——社会资本理论的分析视角 [J] . 农业经济，2022，（11）：69–71.

[17] 郑艳红 . 新形势下促进家庭农场发展的对策 [J] . 当代农机，2022，（09）：86–88.

[18] 李光 . 乡村振兴战略背景下南京市江宁区乡村民宿的发展研究 [D] . 南京林业大学，2022.

[19] 鲍富元，余有勇 . 乡村旅游高质量发展路径探索 [J] . 合作经济与科技，2023，（21）：22–23.

[20] 李慧君 . 高品质民宿助力乡村振兴 [J] . 小康，2023，（28）：57–58.

[21] 王小琴，黄凌云 . 民宿产业在农业旅游振兴中的发展策略研究——评《美丽乡村之农业旅游》[J] . 中国食用菌，2019，38（11）：61.

[22] 郑丹璇 . 乡村民宿产业促进乡村振兴路径研究 [J] . 当代农村财经，2023，（01）：50–52.

[23] 葛彦菲 . 基于社会网络分析的涉农微博交流特性研究 [D] . 南京农业大学，2012.

[24] 吴小兵，蒋明，张玲，等 . 农技耘 APP 在基层植保服务体系中的推广与应用 [J] . 现代农业科技，2019，（19）：124–125.

[25] 梁丽 . 中国国家级农业智库建设研究 [D] . 中国农业科学院，2018.

03

第三篇

文明生活

做知法守法的新农民

在乡村振兴战略的指引下，国家对“三农”的发展，提出了更高的规划和要求。建设社会主义新农村，推进乡村振兴，农民是主体、是核心，农民问题的关键是素质。农民素质包括身体素质、文化素质、科技素质、思想道德素质和法律素质五个方面，法律素质是农民素质的重要组成部分，加强法律意识修养，有助于农民了解与自己的生产、生活有关的法律法规，有利于保障自身正当权益，有利于帮助农民认清合法与非法的界限，从而能够自觉地遵守法律，在正确的轨道上落实乡村振兴战略。

推进新农村法治建设的基本思路

随着《中华人民共和国乡村振兴促进法》开始施行，全面推进乡村振兴迈开了更大的步伐。乡村法治教育是农村精神文明建设的重要基础。乡村法治教育是一定的教育主体根据国家经济社会发展尤其是乡村振兴的需要，有计划、有目的、有组织地开展的，以普及和传授法治知识为基础，以弘扬社会主义法治精神、培育社会主义法治理念为核心，以提升农民法治素养为目的的教育实践活动。法治教育有利于农民知法懂法守法，有助于形成健康、规范、良性发展的农村社会秩序，有助于提升和改善农民精神风貌，是新时代农村精神文明建设的重要基础工程。

2021年，中央宣传部、司法部、民政部、农业农村部、国家乡村振兴局、全国普法办公室联合印发了《乡村“法律明白人”培养工作规范（试行）》，对“法律明白人”培养工作进行了规范。根据《工作规范》，到2025年，在全国农村普遍开展“法律明白人”培养，每个行政村至少培养3名，参与矛盾纠纷预防、排查、化解等方面工作。

在农村实践方面，随着经济社会的不断发展，农民的法律意识、法律观念也在不断提高，他们比以往更加迫切地需要了解和掌握相关的法规和政策，来指导自己的生活，维护自己的权益，处理发生的纠葛与纷争。而“法律明白人”可以为村民解疑释惑，提供必要的帮助。通常，乡村“法律明白人”主要在村两委班子成员、人民调解员、网格员、村民小组组长、农村“五老”人员等具有高中以上学历的村民中遴选。显然，所谓乡村“法律明白人”，就是具有较好法治素养和一定法律知识，积极参与法治实践，能发挥示范带头作用的村民。他们聚焦解决村民日常生产生活中的法律问题，参与矛盾纠纷预防、排查、化解工作，把矛盾和问题解决在乡村。同时，积极带动周边群众增强法律意识，引导群众理性表达利益诉求，依法维护合法权益，为促进乡村和谐稳定发挥了重要作用。

以下是与农民生产经营相关的法律：

《中华人民共和国民法典》

这是新中国成立以来第一部以“法典”命名的法律，是新时代我国社会主义法治建设的重大成果。《民法典》在物权篇中专门规定了土地承包经营权，包括土地承包经营权的定义、取得方式、权利与义务等内容。

《中华人民共和国农业法》

该法律旨在从资金、农业生产资料、技术、市场信息等方面扶持农业生产经营组织和农业劳动者发展农业生产，引导农业生产经营组织和农业劳动者按照市场的需求调整农业生产结构。

《中华人民共和国村民委员会组织法》

该法律规定了村民委员会的性质、职能、选举和罢免程序等内容，对于农村土地承包、土地补偿费等事项的决策程序有明确规定。

《中华人民共和国乡镇企业法》

该法律旨在促进乡镇企业的发展，保护乡镇企业的合法权益。

《中华人民共和国农村土地承包法》

该法律规定了农村土地承包的原则、程序、承包期限、承包经营权流转等内容。

《中华人民共和国土地管理法》

该法律是土地管理的基本法律，规定了土地的所有权、使用权、土地利用规划、土地征收、土地补偿等方面的内容。

除此之外，还有为了全面实施乡村振兴战略而制定的《中华人民共和国乡村振兴促进法》等法律，共同构成了农民权益的法律保障体系，涵盖了土地承包、农村经济发展、土地管理以及乡村振兴等多个方面的内容。

农村常见纠纷的解决方法

人民调解

根据《中华人民共和国人民调解法》第二条的规定，人民调解是指人民调解委员会通过说服、疏导等方法，促使当事人在平等协商基础上自愿达成调解协议，解决民间纠纷的活动。

仲裁

仲裁，是指由纠纷当事人在达成协议的基础上，将争议提交非司法机构的第三方审理，由该第三方对争议进行评判并作出裁决的一种解决民事争议的方法。根据《中华人民共和国仲裁法》（以下简称《仲裁法》）第二条的规定，平等主体的公民、法人和其他组织之间发生的合同纠纷和其他财产权益纠纷，可以仲裁。这项规定明确了三条原则：一是发生纠纷的双方当事人必须是民事主体，包括国内外法人、自然人和其他合法的具有独立主体资格的组织；二是仲裁的争议事项应当是当事人有权处分的；三是仲裁范围必须是合同纠纷和其他财产权益纠纷。

根据《仲裁法》第三条，下列纠纷不能仲裁：

① 婚姻、收养、监护、扶养、继承纠纷；

② 依法应当由行政机关处理的行政争议。

民事诉讼

根据《中华人民共和国民事诉讼法》的规定，民事诉讼就是民事官司，是指当事人之间因民事权益矛盾或者经济利益冲突，向人民法院提起诉讼，人民法院立案受理，在双方当事人和其他诉讼参与人的参加下，经人民法院审理，解决民事案件、经济纠纷案件和法律规定由人民法院审理的特殊案件的活动，以及这些诉讼活动中所产生的法律关系的总和。通俗地讲，就是当人身和经济的合法权益受到侵害时，当事人通过打民事官司，达到制止民事违法行为，保护自己的合法权益的目的。

农村土地承包经营纠纷调解仲裁

农村土地承包经营纠纷仲裁，是指农村土地承包经营纠纷仲裁机构针对农村土地承包经营纠纷当事人的仲裁请求和事实理由，依照相关法律法规及政策，对农村土地承包经营纠纷作出裁决意见的行政仲裁活动。发生农村土地承包经营纠纷，当事人可以自行和解，也可以请求村民委员会、乡（镇）人民政府等调解。当事人和解、调解不成或者不愿和解、调解的，可以向农村土地承包仲裁委员会申请仲裁，也可以直接向人民法院起诉。农村土地承包经营纠纷调解和仲裁，应当公开、公平、公正，便民高效，根据事实，符合法律，尊重社会公德。

根据《中华人民共和国农村土地承包经营纠纷调解仲裁法》第二条的规定，农村土地承包经营纠纷包括：

① 因订立、履行、变更、解除和终止农村土地承包合同发生的纠纷；

② 因农村土地承包经营权转包、出租、互换、转让、入股等流转发生的纠纷；

③ 因收回、调整承包地发生的纠纷；

④ 因确认农村土地承包经营权发生的纠纷；

⑤ 因侵害农村土地承包经营权发生的纠纷；

⑥ 法律、法规规定的其他农村土地承包经营纠纷。

信访

根据《信访条例》的规定，信访是指公民、法人或者其他组织采用书信、电子邮件、传真、电话、走访等形式，向各级人民政府工作部门反映情况，提出建议、意见或者投诉请求，依法由有关行政机关处理的活动。采用前款规定的形式，反映情况，提出建议、意见或者投诉请求的公民、法人或者其他组织，称信访人。

各级人民政府、县级以上人民政府工作部门负责信访工作，认真处理来信、接待来访，倾听人民群众的意见、建议和要求，接受人民群众的监督，努力为人民群众服务。各级人民政府、县级以上人民政府工作部门应当畅通信访渠道，为信访人采用《信访条例》规定的形式反映情况，提出建议、意见或者投诉请求提供便利条件。任何组织和个人不得打击报复信访人。

法律援助条例

《法律援助条例》是为保障经济困难的公民获得必要的法律服务，促进和规范法律援助工作而制定的，是国家在司法制度运行的各个环节和各个层次上，对因经济困难及其他因素而难以通过通常意义上的法律救济手段保障自身基本社会权利的社会弱者，减免收费，提供法律帮助的一项法律保障制度。根据《法律援助条例》第十条，公民对下列需要代理的事项，因经济困难没有委托代理人的，可以向法律援助机构申请法律援助：

① 依法请求国家赔偿的；

② 请求给予社会保险待遇或者最低生活保障待遇的；

③ 请求发给抚恤金、救济金的；

④ 请求给付赡养费、抚养费、扶养费的；

⑤ 请求支付劳动报酬的；

⑥ 主张因见义勇为行为产生的民事权益的。

学法、知法、守法，树立法治观念，有计划、有目的、有组织地开展法治知识学习，既是农民的义务和责任，也是保障农民自身权益的必要举措。提升农民的法治素养，尊法知法懂法守法，有助于形成健康、规范、良性发展的农村社会秩序，有助于提升和改善农民的精神风貌，助推农村、农业大发展。

农业文化遗产的保护和传承

文化遗产保护是一项新兴的事业，其概念与内涵一直在不断深化和扩展，从单体历史、科学和艺术意义上的文化遗留物，扩展到相互联系的文化遗产群体；从仅仅建立在实物基础上的文化遗产，扩展到与大自然之间紧密联系的文化遗产；从普通环境下的文化遗产，扩展到特定环境下的文化遗产；从固态文化遗产扩展到活态文化遗产；从有形的文化遗产，扩展到无形的文化遗产。其中，农业文化

遗产是文化遗产的一个重要分支。

全球重要农业文化遗产（中国）

2002 年，联合国粮农组织（FAO）启动了一个“全球重要农业遗产系统”（Globally Important Agricultural Heritage System，简称 GIAHS）。截至 2022 年 5 月，已有 21 个国家的 68 个农业文化遗产点列入这一名录，其中中国列入的最多。受这一计划的影响，中国农业农村部于 2012 年启动了“中国重要农业遗产”（National Important Agricultural Heritage System，简称 NIAHS）保护计划，截至 2023 年 5 月，已评选 7 批，计有 138 个项目入选。我国历来重视农耕文明的保护和传承，坚持“绿水青山就是金山银山”的理念，汲取传统农业精华，推动现代农业建设和农业可持续发展，继续加强遗产保护和发展，促进乡村振兴战略实施。下表为联合国粮农组织评审的我国 22 个“全球重要农业文化遗产”项目：

我国入选“全球重要农业文化遗产”名录的项目

	项目	入选时间	基本情况
1	浙江青田稻鱼共生系统	2005	2005 年 6 月被联合国粮农组织列为首批重要农业文化遗产，也是中国第一个被列入名录的农业文化遗产。传统的农业生产方式——“稻田养鱼”，经过不断发展，演变成出独具特色的稻鱼文化种养模式，形成鱼和水稻和谐共生的系统。
2	江西万年稻作农业文化系统	2010	江西省万年稻作农业文化系统，是以贡米栽培为特色，并经历“野生稻—人工栽培野生稻—栽培稻”水稻驯化过程的稻作农业文化系统。该地贡米生产系统与其周围的山林形成了生物多样性的农林复合系统。

	项目	入选时间	基本情况
3	云南红河哈尼稻作梯田系统	2010	云南红河哈尼稻作梯田系统，是利用山地资源，建设形成的“林—寨—田—河”四度同构生态农业系统。遗产地位于云南省红河州，分布在红河、元阳、绿春和金平四县。开垦耕种历史有1300多年，是低碳、生态、循环农业的典型代表。
4	贵州从江侗乡稻鱼鸭系统	2011	贵州从江侗乡稻鱼鸭系统，是指在水稻田中“种一季稻、放一批鱼、养一群鸭”为特色而形成的稻鱼鸭共生、鱼米鸭同收的复合生态农业系统。
5	云南普洱古茶园与茶文化系统	2012	普洱古茶园与茶文化系统，是由普洱茶及茶文化为核心构成的，包括古茶树资源与古茶园的生态系统。
6	内蒙古敖汉旱作农业系统	2012	内蒙古敖汉旱作农业系统，具有几千年栽培历史，是以旱地种植谷子（小米）为主，兼顾其他杂粮种植为特色的旱作农业生态系统。
7	浙江绍兴会稽山古香榧群	2013	浙江绍兴会稽山古香榧群，是以“香榧树—梯田—林下作物”复合高效为特色的农业生态系统，已有2000多年历史。
8	河北宣化城市传统葡萄园	2013	宣化城市传统葡萄园，是城市之中独特的农业文化遗产，具有1300多年历史，是以庭院漏斗架式及多株穴植栽培为特色的传统葡萄种植系统。
9	江苏兴化垛田传统农业系统	2014	兴化垛田传统农业系统，是具有农、林、渔相结合特征，在独具特色的沼泽洼地中利用垛形土地的湿地生态农业系统。
10	陕西佳县古枣园系统	2014	佳县古枣园位于“中国红枣名乡”陕西省榆林市佳县泥河沟村（被誉为“天下红枣第一村”），是世界上保存最完好、面积最大的千年枣树群。枣树具有增加空气湿度，保持水土和养分等生态功能。在黄河沿岸的坡地上，其生物多样性保护、水土保持、水源涵养和防风固沙等方面的生态功能显得尤为重要。

	项目	入选时间	基本情况
11	福建福州茉莉花和茶文化系统	2014	早在2200年前，茉莉就从国外传入福州，福州成为茉莉之都。茉莉花与茶的结合，则始于宋朝。当时，随着香疗的普及，中医对茉莉花的保健作用有了充分认识，茉莉花茶的制作技艺因此在福州应运而生，福州帝封江畔的200多亩茉莉花田，是福州最具代表性的茉莉花产地。
12	甘肃迭部扎尕那农林牧复合系统	2017	甘肃迭部扎尕那农林牧复合系统，是高原地区具有农、林、牧循环复合生态特征，以汉地农耕文化与藏传游牧文化融合为特色的农业文化系统。
13	浙江湖州桑基鱼塘系统	2017	湖州是我国池塘养鱼、种桑养蚕等农业生产的起源地之一，并在长期的水土开发利用中形成了大规模的“溇港圩田”系统。
14	山东夏津黄河故道古桑树群	2018	山东夏津黄河故道古桑树群系统，是古树、沙丘、河流、村庄协调共生，农、林、牧一体发展，具有水土保持功能的农业生态系统。
15	中国南方山地稻作梯田系统	2018	包括福建尤溪联合梯田、江西崇义客家梯田、湖南新化紫鹊界梯田、广西龙胜龙脊梯田。其中，福建尤溪联合梯田是以南方中低丘陵地区梯田景观为特色的稻作梯田生态系统。
16	福建安溪铁观音茶文化系统	2022	福建安溪铁观音茶文化系统，是以种植茶叶和制作铁观音茶为特色的农业生态及茶文化系统。
17	河北涉县旱作石堰梯田系统	2022	河北涉县旱作梯田，具有700年以上历史，是以北方山地种植谷物、花椒为特色的旱作梯田复合生态系统。
18	内蒙古阿鲁科尔沁草原游牧系统	2022	内蒙古阿鲁科尔沁草原游牧系统，是以牧民—牲畜—草原—河流相互依存、和谐共生为特色的复合游牧生态系统。

	项目	入选时间	基本情况
19	浙江庆元林－菇共育系统	2022	丽水庆元当地菇农通过利用森林资源科学发展食用菌产业，创造和发展了以林—菇共育技术为核心的森林保育、菌菇栽培、农业生产有机融合的山地农林复合生产系统，形成了森林、梯田、村落和河流相互协同的，结构合理的土地利用类型和生态景观。
20	河北宽城传统板栗栽培系统	2023	以板栗栽培为核心，作物、药材、家禽等合理配置的复合种养体系。当地居民因地制宜创造了立体种养、树体修剪管理、水土资源合理利用等技术体系，有效保护了当地农业物种和生物多样性。
21	安徽铜陵白姜种植系统	2023	在长期生产实践中，当地居民创造了姜阁保种催芽、高畦高垄种植、芭茅搭棚遮荫三项独特的传统生产技术。
22	浙江仙居古杨梅群复合种养系统	2023	“梅—茶—鸡—蜂”有机结合的复合型山地农业模式。仙居是世界人工栽培杨梅起源地之一，距今已有1600年的杨梅栽培史。经过千年的发展与世代选育，当地积累了数量众多、类型多样、品种丰富、谱系完整的古杨梅种质资源。

农村文化遗产的保护与有效利用

保护性开发

保护是前提，没有保护，开发利用也没有平台，没有载体，也就失去了根基。开发是为了更好的保护，没有开发利用，要保护好也会很难。一方面，加强以生物多样性为核心的农业生态保护，要以传统民俗传统村落为核心，特别要提高古村落在农业文化遗产保护中的地位。同时，基于发展的思路，需要在保护和发展之间做好平衡，因地制宜，把保护、修缮与利用作为农业文化遗产保护和乡

村文化振兴的重要任务，以高度的文化自觉和文化自信来对农业文化遗产进行系统性保护和可持续性开发。

创新性利用

农业文化遗产所在地大多有良好的生态环境、多样的民俗文化、优美的乡村景观，可以在加强保护的基础上结合当地农业文化遗产的特点，围绕特色农产品生产、休闲农业和乡村旅游、文化创意与科普研学等方面下功夫，促进产业融合发展和农民就业增收。

一些地方的实践表明，全球重要农业文化遗产认定能使当地相关农产品品牌溢价 10%—30%，当地居民的收入贡献率接近 40%，能增强当地农民的获得感，吸引人才返乡创业就业，促进美丽乡村的繁荣。

以云南红河哈尼稻作梯田系统为例，它是闻名于世的全球重要农业文化遗产和世界文化遗产，拥有 1300 多年历史，是以哈尼族为主的各族人民共垦共创的一种世界罕见的农业文化景观，也是我国山区稻作梯田的典型代表。勤劳智慧的劳动人民巧妙地把“森林”“村寨”“梯田”“水系”打造成“四素同构”的生态农业系统，有效保护了生物多样性与生态系统服务功能，创造了享誉世界的农耕文化与山地梯田景观。

传承弘扬乡土文化

文化的魅力在于它具有凝聚力，能引起共鸣。文化振兴是乡村振兴的灵魂。俗话说，老乡见老乡两眼泪汪汪，这主要是因为同乡人的文化、风俗习惯相同或者相似，能使在外漂泊的游子找到一种认同感、归属感，这就是文化的魅力。很多人在外打拼了很多年甚至在城市定居了很多年，回到农村老家总有莫名的亲切感，这就是农村文化的魅力，能勾起回忆，引起情感共鸣。

乡土文化作为中国文化的重要组成部分，也是中华优秀传统文化的重要载体和资源。乡土文化不仅反映了中国传统价值观、体现了中国民族精神、展示了中国多元文化风貌，而且对于增强文化自信、促进社会和谐、提升国家软实力等方面有着重要作用。习近平总书记强调，“乡风文明，是乡村振兴的紧迫任务”，“我们要深入挖掘、继承、创新优秀传统乡土文化”。这些重要论述对新时代推动乡村文化振兴、筑牢文化自信之基起到重要的引领作用。

保护和传承乡土文化的意义

有助于维护乡村和谐稳定

我国经历了几千年的农耕文化，才孕育出灿烂的中华文明。敬业乐群、仁爱宽容、睦邻友好及家庭和谐等都是中华民族优秀传统文化的体现。在乡村振兴中注重对这些优秀传统文化进行弘扬与传承，可以使传统文化中蕴含的人文精神、

哲学思想、传统美德等，对乡村居民产生潜移默化的影响，并形成积极健康的乡风、家风和民风，有效维护农村的和谐稳定。

有助于培育年轻一代的家国乡情

良好的乡风乡俗，能提高农民的文化素养，极大地丰富农民的物质生活和精神生活。每个乡村由于地理位置、风土人情各不相同，所形成的乡村文化也独具地方特色，其中包括自然环境、生产方式、风俗习惯、传统建筑等。而保护和挖掘古老的乡土文化，能激发年轻一代对乡土乡情的认识，培养其家国情怀和综合素养。

能充分挖掘乡村核心特色

乡村振兴并不是千村一面的发展，而是通过乡村振兴展现出不同地区的特色和风貌。在对乡村存在的特色优秀传统文化进行挖掘和利用后，可以将之培育成乡村的一张靓丽名片，将这些优秀传统文化与乡村文明建设、特色产业等相互结合，实现乡村差异化发展，更能充分展示各个乡村的特色。

有助于发挥其德育价值

感受、学习乡土文化不仅给予人们文化享受和人文熏陶，还能潜移默化地影响人们的思想和行为，在了解家乡的地理风貌、发展历程、民风民俗的同时，培养其对家乡、国家的亲切感、认同感、归属感，还能进一步塑造个人的政治观念、人生理想、生活态度，具有“润物细无声”一般的德育功能。

乡土文化的分类

近年来，多地因地制宜，在挖掘整理本地文化资源基础上，将乡土文化和旅游深度融合发展，以新模式激发消费新动能。按照乡土文化存在的形式，可将乡土文化分为物质文化、精神文化、制度文化和行为文化等类型。

物质文化

物质文化表现为自然景观、建筑、器皿、服饰、食材、遗址等实体文化，具有可通过感觉器官感知的显性特征，其内涵是人民在生产、生活各方面展露出的思想情感、价值导向和审美追求。

如无锡惠山的“蚕猫”，蚕猫文化起源于南宋，明清时期开始盛行，是蚕乡蚕农为了驱赶老鼠而世代传承的一种古老民俗。最初，蚕猫被用作避鼠的象征，后来逐渐成为一种民间工艺品，成为惠山泥人里面最经典的形象，寓意为驱邪、避鼠、祈福。惠山泥人也是江南桑蚕文化衍生出来的一种乡土艺术，这种艺术表现形式于 2006 年入选了第一批国家非物质文化遗产名录。

精神文化

精神文化由劳动人民在长期实践活动中形成并运用的道德情操、情感倾向、个性品质、价值观念等构成，并随着时间的推移不断丰富。

如江苏泰州有一个“泰州学派”，它是中国历史上一个著名的思想启蒙学派。泰州学派强调人的主体性平等性，反对程朱理学对人性的压抑。学说问世即为社会各阶层广泛接受，吸引了一批儒士名臣追随、研习和弘扬，逐步演进为晚明显学。这一学派的早期典型代表人物是王艮，兴盛阶段的代表有王栋、何心隐等，顶峰阶段的代表人物有李贽、袁宏道、汤显祖和徐光启等。在历史长河中，泰州学派留下闪光的一页。如今，泰州已将泰州学派与郑板桥、梅兰芳、人民海军诞生地、里下河文学流派作为新时代泰州的城市文化标识。其中，泰州学派主张的“以孝弟（悌）为先、“以道化民”的思想，乐学、乐道、乐生活的生活态度，把发展经济作为治国重要内容的治国理念，对当前民风维系、道德修养的提升和

乡村振兴的实践依然有重要影响和借鉴意义。

制度文化

制度文化指劳动人民在实践活动中的价值导向、行为规范、活动准则和组织运作方式等文化，它是指导人民日常生产、生活以及社会稳步前进的重要工具。如：江苏对人才的重视由来已久，在明代的 89 名状元中有 16 人出自江苏，清代 112 名状元中有 49 人出自江苏，明清两代的江苏状元数占全国状元总数的近三分之一。尽管得到重视的是儒学，但儒学之外的商业等领域也因此能同样得到尊重与正常对待。农业立本、工业领先、商业发达的社会格局使个体的价值得到较大限度的发挥，各个领域不断涌现人才，为当地的经济发展、社会和谐做出显著的贡献，这种“均衡发展”的社会法则既是一方民风的表现，也是当地人民和睦相处、共同进步的自觉追求。

行为文化

行为文化是指人际交往和传统节日中的行为规范，往往以礼节、饮食习惯、娱乐活动等形态表现。如各种仪式，在传统农业社会，仪式使得节日非同寻常。以元宵节为例，全国各地都有元宵节吃汤圆的传统文化，“汤圆”与“团圆”二字发音相似，取“团圆”之意，汤圆象征着亲人团聚、幸福美满。元宵节从正月十五之前的试灯、张灯，到之后的落灯、收灯等各项繁复的仪式，在不同的地区又发展出与当地生产相关的不同内容。以农事相关的仪式为例，在无锡，元宵节

家家户户制作“稻棵团”并于夜间至田头祭农神（田神）。常州武进东青民众人手一灯，至土地庙“行灯”，祈求五谷丰登。苏州等地有以白粥祈蚕活动，祈愿桑茂蚕丰。

以往许多节日文化遗产的内容在现代传承过程中，仪式也日渐消解，许多仅存在于一些记载的文书当中，这种选择性的传承，实际是认知的新陈代谢。从另外一个角度来看，仪式也是用行为记载人类先祖的感知，反映人类亘古及今的美好愿景和潜在的敬畏之心。

推动乡村文化振兴，就是要坚持乡村文化的多样性和创造性，展示中国文化的多姿多彩，就是要坚持乡村文化的自主性和开放性，增强中国文化的自信和自尊；就是要坚持乡村文化的创新性和传承性，提升中国文化的影响力和感召力。

创新发展，筑牢中华文化自信之基

推动中华优秀传统文化创造性转化和创新性发展，关键是要从人文经济视角探索文化富民福民的方向、切入点和路径，着力推动文化事业和文化产业繁荣发展，推动中华优秀传统文化保护传承。

以苏州市传统文化与现代化发展融合发展为例：

一是以优秀传统历史文化的创造性转化催生发展动能。2500 年岁月沉淀出的昆曲、评弹、园林、苏绣，已成为世界辨识中国“最江南”的鲜明符号。苏州“复活”几近失传的宋锦技艺，打造中国宋锦文化园；“守艺”非遗桃花坞木版年画，创新为鲜活的苏州符号。苏州迈开人文和经济“两条腿”走路，以文化城，城以文兴。

二是以文化产业的创新性发展推动经济跃升。苏州形成了集信息、创意、生产和消费为一体，融现代服务业和制造业于一身的庞大文旅产业链，文化产业已是苏州经济版图里不可或缺的价值。

三是以人文精神的品质化传承奠定城市印记。苏州历来手工业繁盛，从当年的苏工、苏作到现在的 171 家国家级专精特新“小巨人”企业，人文精神在苏州的企业中不断传承。从以人文为素养的文化自觉，到以人文为环境的文化自信，崇尚实业、精益求精的信念成为鲜明的城市印记。

乡贤文化新风尚

在漫长的中国历史进程中，一些在乡村社会建设、风习教化、乡里公共事务中贡献力量的乡绅，都被称为“乡贤”，由此而形成了乡贤文化。乡贤文化也因此成为中华优秀传统文化的组成部分，成为凝聚乡情乡音的文化纽带。乡贤文化也是一种特殊的地域精神文化标记，是探寻文化血脉、弘扬固有文化传统的精神原动力。

什么是新乡贤文化

顾名思义，新乡贤，是指在新的时代背景下，有能力、有知识、有道德、有情怀，能影响农村政治经济社会发展并愿意为之作出贡献的贤能人士。新乡贤的主体包括老党员、党外知名人士、老乡村教师、老基层干部，还包括外来支持地方经济建设与乡村发展的人士，如外来投资的企业家、海外华侨、扶贫干部等，以及经过选拔或者推荐，热心参与乡村治理的乡村群众。

新乡贤文化，是以地方组织与政府架构为主导，广泛吸引包括在外功成名就的乡亲在内的新生力量参与乡村建设的一种新型乡村文化。新乡贤文化借助传统的乡贤文化形式，赋予其新的时代内涵，以乡情为纽带，以优秀的基层干部、企业家、科技和教育工作者，以及道德模范、身边好人的嘉言懿行为示范引领，推

进乡村发展的一种新型文化形态。这种新型的乡村文化以人情社交礼仪传统为基础，融合现代公益慈善与志愿服务精神，重建与增进家庭、村落、社区的亲密关系，特别是让远离故乡的乡贤，通过日常生活中礼仪传统的现代转化，如传统节日的社区成员聚会、邻里间相互关爱，守望相助相互扶持的风尚，重新获得家园感和归属感，促进了我国乡村礼仪文化的传承。

新乡贤文化的社会价值

带动农村精神风貌的改变

乡贤文化根植乡土、贴近性强，蕴含着见贤思齐、崇德向善的力量。乡贤文化作为一种亲善性、人本性的先进文化，具有教化乡民，引导乡民，能够被乡民更好地认同并自觉内化的作用。

弘扬乡贤文化的耕读精神，引导农民努力学习科学文化，营造学习型乡村共同体；发挥乡贤文化的教化功能，引导农民自觉遵守相关礼法，重塑乡村的伦理共识；以优秀乡贤文化涵养乡村文化，最终实现培育文明乡风的目标。

助力乡村治理现代化

乡村治理现代化是中国国家治理体系和治理能力现代化在农村得以实现的必然要求，在当下乡村治理主体和手段呈现多元化的背景下，破解农村困局，最好的办法是利用“新乡贤”这一资源，因为“新乡贤”多有成就，又都怀有浓浓乡情，他们身上散发出来的文化道德力量可以教化乡民、反哺桑梓、泽被乡里，对凝聚人心、促进和谐、重构传统乡村文化大有裨益，在反哺乡村、助推乡村治理和精神文明建设中大有可为。乡贤回乡，能充分运用其在创业过程中的经验和智慧，更好地为新农村建设服务。

引领乡贤文化新风尚

当前，面对乡村发展的迫切需求，新乡贤文化培育已被确定为“加快建设美丽宜居乡村”的重要途径，在新的时代背景下，建设、弘扬新乡贤文化成为必然。

培育新乡贤文化发展的土壤

乡贤作为流动的人力资源，他们出生于农村，成功于都市，要想吸引他们回归故土，首先要转变消极等待的观念，变被动为主动。一方面需要丰富工作形式，通过各种方式影响他们的思想，触动他们的乡情，激发他们的认同感，让他们产生回乡服务的意愿；另一方面要为乡贤回归提供必要的条件，让乡贤愿意服务于乡村建设、安心服务于乡村建设。

此外，在社会中进一步形成尊重乡贤、重视乡贤、爱护乡贤、信任乡贤的文化氛围，培育乡贤文化发展的土壤，以利于乡贤的回归，以及乡贤安心地、积极地投身于乡村振兴建设。

广开渠道，接纳四方乡贤回归

传统认定乡贤的标准多着眼于地域和影响力，在新时代，要突破传统的乡贤界定范围，扩大对乡贤资源的认知，只要是对乡村振兴有利的人才，都应当将其纳入新乡贤的认定范围。

具体措施如下：一方面，要成立专门的乡贤引进机构，收集乡贤的信息，建立沟通渠道，为乡贤回归多搭桥铺路；另一方面，要制定各种优惠政策，为乡贤提供必要的生活、工作环境，以留住乡贤。

搭建乡贤服务的新平台

一方面，可以成立专门的乡贤组织机构，直接吸纳乡贤进入该机构参与决策，以自身的专业特长指导农村建设。当然，也可以为乡贤搭建创业的平台，充分利用乡村的生态资源、独特的文化资源和闲置的劳动力资源，促进乡村经济发展。

南京江宁乡贤文化新实践

2017 年 9 月，江宁区委、区政府研究决定，成立全区创新发展乡贤文化、助推“两聚一高”新实践领导小组，并在江宁区委宣传部设领导小组办公室，负责全区乡贤文化工作的统筹和协调推进，乡贤文化工作得以开展，并开始向街道、开发园区和机关部门拓展。几年来，全区乡贤文化工作取得了一定的成绩，主要表现在三个方面：

一、建成一座“江宁乡贤名人馆”。2018 年 3 月、9 月“江宁乡贤名人馆”一期、二期工程分别建成，并对外开放。该馆坐落在横溪街道西阳社区上范村，占地面积 475 平方米，建筑面积 750 平方米，设序厅、先贤厅、今贤厅、新乡贤厅和信仰的力量厅 5 个厅，展陈古今乡贤代表人物共 68 人。

二、建立“江宁乡贤人才名录库”。2017 年至今，江宁区注重加强“江宁乡贤人才名录库”的动态建设与管理，不断完善乡贤人才基本信息资料，截至 2023 年 12 月底，在库各类乡贤人才共 566 人。

三、编纂出版乡贤文化书籍。在区委宣传部、区文明办和区委党史办的支持下，分别于2020年、2022年和2023年编纂出版了《红色印记：江宁革命先贤》《江宁古代乡贤》《新时代江宁新乡贤风采录》三本书，深入挖掘乡贤人才资源，放大乡贤引领示范效应，着力推动新时代江宁乡贤文化事业可持续发展。

农民社会养老保险制度

农民社会养老保险是指国家通过立法规定由国家、农村集体组织和农民劳动者按一定比例缴纳养老保险费成立养老基金，在农民年老时按照个人缴费及基金增值情况领取养老金，以保障农民基本生活从而实现其平等的社会养老保险权的一种社会保险制度。我国现行农民养老保险制度包括以下内容：

我国农民养老保险制度的基本原则

我国农民养老保险制度的基本原则是“保基本、广覆盖、有弹性、可持续”。保基本与广覆盖体现了我国农民养老保险的底线公平与普惠共享的制度理念，其意义在于对我国农民养老保险的保障水平予以原则性规定。

保基本是指目前我国农民养老保险的待遇水平只能够保障农民的基本生活水平，维护其基本生存权。在目前国家财力仍不充裕以及农民增收相对缓慢的情况下，我国的农民养老保险只能做到尽量覆盖需保人群，满足其最迫切的基本养老需求，其保障水平也应遵循从低水平起步、从保障基本生活入手，先解决从无到有的问题，再循序解决由低到高的问题。

广覆盖是指我国要尽快实现制度的全覆盖，尽量覆盖所有农村人口，做到应保尽保。

有弹性是指对我国农民社会养老保险制度设计提出的要求，即农民社会养老保险制度不能过于僵化，应能适应我国社会转型时期经济快速发展以及发展不均衡的要求。我国现阶段仍处于社会转型期，这要求农民养老保险制度的设计要具有一定的弹性。我国农村经济发展的不平衡性，也要求农民养老保险的制度设计具有相应的弹性。

可持续是指任何一项制度的构建都是为了解决特定历史发展阶段的问题，一项制度的持续时间应与其要解决的问题的持续时间具有一致性。只有可持续性的农民养老保险制度才能实现这一目标。农民养老保险制度的弹性和可持续性具有内在关联，只有具有弹性的农民养老保险制度才能适应快速发展的经济社会生活，才具有可持续性，也才具有生命力。就此而言，有弹性是实现农民养老保险制度可持续性的重要保证。

农民如何参保

2009年前后，国家依据农村和城镇的不同情况，分别建立新型农村社会养老保险制度(以下简称新农保)与城镇居民社会养老保险制度(以下简称城居保)，并分别运行了数年。但为了在更高层面上实现城乡统筹、制度平等和分享社会经济发展成果，从而推动建立更加公平可持续的社会保障制度，国家在上述两项制度已经覆盖全国的基础上，于2014年2月21日印发《关于建立统一的城乡居民基本养老保险制度的意见》（以下简称《意见》），决定将之前实施的新型农村社会养老保险制度（以下简称新农保）与城镇居民社会养老保险制度（以下简称城居保）合并实施，建立了全国统一的城乡居民基本养老保险制度。

参保条件

《意见》明确规定，年满16周岁（不含在校学生），非国家机关和事业单位工作人员及不属于职工基本养老保险制度覆盖范围的城乡居民，可以在户籍地参加城乡居民养老保险。这一规定包含了三个含义：一是用“排除法”把没有被其他基本养老保险制度覆盖的人员，主要是农民和城镇非就业居民全部纳入城乡居民养老保险的覆盖范围，有利于实现党的十八大提出的“社会保障全民覆盖”的目标。二是维持了新农保、城居保自愿参保的原则，但在政策上鼓励引导符合条件的居民从年轻时起就参保缴费。三是明确了在户籍地参保，实行属地管理，以方便提供服务。城乡居民基本养老保险制度与城镇职工基本养老保险制度并行，共同构成我国基本养老保险制度体系。对于农民工这样的城乡流动就业群体，应积极引导其参加城镇职工基本养老保险，这既是使用农民工的单位的法定义务，同时也有利于这一群体将来获得更高水平的保障。

如何缴费

基金筹集

居民养老保险基金由个人缴费、集体补助、政府补贴构成。

个人缴费：参加居民养老保险的人员应当按规定缴纳养老保险费。缴费标准目前设为每年 100 元、200 元、300 元、400 元、500 元、600 元、700 元、800 元、900 元、1000 元、1500 元、2000 元 12 个档次，省（区、市）人民政府可以根据实际情况增设缴费档次，最高缴费档次标准原则上不超过当地灵活就业人员参加职工基本养老保险的年缴费额，并报人力资源社会保障部备案。人力资源社会保障部会同财政部依据城乡居民收入增长等情况适时调整缴费档次标准。参保人自主选择档次缴费，多缴多得。

需要注意的是，其中 100 元的缴费档次只有建档立卡贫困人口、低保对象、特困人员和重度残疾人可以选择，其他人员最低缴费档次为每年 300 元。

集体补助：有条件的村集体经济组织应当对参保人缴费给予补助，补助标准由村民委员会召开村民会议民主确定，鼓励有条件的社区将集体补助纳入社区公益事业资金筹集范围。鼓励其他社会经济组织、公益慈善组织、个人为参保人缴费提供资助。补助、资助金额不超过当地设定的最高缴费档次标准。

政府补贴：政府对符合领取城乡居民养老保险待遇条件的参保人全额支付基础养老金，其中，中央财政对中西部地区按中央确定的基础养老金标准给予全额补助，对东部地区给予 50% 的补助。

地方人民政府应当对参保人缴费给予补贴，对选择最低档次标准缴费的，补贴标准不低于每人每年 30 元；对选择较高档次标准缴费的，适当增加补贴金额；对选择 500 元及以上档次标准缴费的，补贴标准不低于每人每年 60 元，具体标准和办法由省（区、市）人民政府确定。

参保注意事项

一是参保人应按年足额缴纳养老保险费，才能获得各项补贴；

二是参保人补缴或未能按年缴费的，政府不给予缴费补贴；

三是根据政策导向，早参保，长缴费，多缴费，不中断，所获得的养老金就越多，有利于年老养老保障。

城乡居民养老保险制度是国家建立的适合我国国情和现阶段发展特点的基本养老保险制度，积极参保是解决城乡居民养老后顾之忧的重要途径。广大的农民也应该积极了解养老保险权利与义务相对应的原则，有能力的多缴费、持续缴费，这样可以多得到政府补贴，增加个人账户积累，更好地保障自己的老年生活。

此外，我国是发展中国家，长期处于社会主义初级阶段，国家推出城乡居民养老保险制度，也是坚持社会保障水平必须与经济社会发展相适应的原则，定位于保障基本生活，并随经济发展逐步提高待遇水平；因此，广大农民一定要对这项制度有明确的认知，对养老保险待遇水平的提高保持合理的预期，同时发扬中华民族尊老爱幼的优良传统，继续充分发挥家庭养老、社会互助等保障方式的积极作用，以使晚年生活有更好的保障。

参考文献

[1] 别永卓 . 社会主义新农村建设中农民素质的构成及其提升途径研究 [D] . 东北师范大学，2008.

[2] 张丽军 . 乡村振兴：新时代的新故事、新农民、新史诗 [J] . 长江文艺评论，2022，（01）：18–25.

[3] 王晓丽，高志蓉 . 农民科学素质与农业科技发展的良性互动 [J] . 晋中学院学报，2021，38（05）：1–7.

[4] 苑利 .《名录》时代中国农业文化遗产保护与利用的跨产业参与问题 [J] . 中国农业大学学报（社会科学版），2014，31（03）：133–136.

[5] 周晗，韩凝玉，黄禹蒙，等 .2002—2023 年农业文化遗产活态保护研究综述 [J] . 智慧农业导刊，2023，3（19）：22–27.

[6] 王琴 . 江苏地区乡土旅游植物文化创意产业的发展 [J] . 现代园艺，2022，45（06）：13–15.

[7] 江唱 . 江苏乡土文化德育价值研究 [D] . 南京邮电大学，2021.

[8] 佘国梁 . 新生代乡贤参与乡村振兴的动力机制、实践效能与优化路径 [J] . 理论月刊，2024，（06）：150–160.

[9] 王恩科 . 评树好乡贤引领好民风 [N] . 汉中日报，2017–11–30（001）.

第四篇 04

逐梦筑梦

吹响乡村振兴的号角

乡村振兴战略的部署

乡村振兴战略的部署，有其深刻的历史背景和现实依据，是中国共产党从党和国家事业发展全局作出的一项重大战略决策。当前，中国特色社会主义进入新时代，我国社会主要矛盾已经转化为人民日益增长的美好生活需要和不平衡不充分的发展之间的矛盾。这种矛盾，在乡村表现得尤为突出：农产品阶段性供过于求和供给不足并存，农业供给质量亟待提高；农民适应生产力发展和市场竞争的能力不足，新型职业农民队伍建设亟须加强；农村基础设施和民生领域欠账较多，农村环境和生态问题比较突出，乡村发展整体水平亟待提升；国家支农体系相对薄弱，农村金融改革任务繁重，城乡之间要素合理流动机制亟待健全；农村基层党建存在薄弱环节，乡村治理体系和治理能力亟待强化。因此，实施乡村振兴战略，是解决新时代我国社会主要矛盾、实现“两个一百年”奋斗目标和中华民族伟大复兴中国梦的必然要求，具有重大的现实意义和深远的历史意义。

2017 年 10 月 18 日，习近平总书记在中国共产党第十九次全国代表大会上作了关于《决胜全面建成小康社会夺取新时代中国特色社会主义伟大胜利》的报告。报告中提出了“实施乡村振兴战略”，报告指出：农业农村农民问题是关系国计民生的根本性问题，必须始终把解决好“三农”问题作为全党工作重中之重。

2018年1月2日，《中共中央国务院关于实施乡村振兴战略的意见》中指出："农业农村农民问题是关系国计民生的根本性问题，必须始终把解决好'三农'问题作为全党工作重中之重。要坚持农业农村优先发展，按照产业兴旺、生态宜居、乡风文明、治理有效、生活富裕的总要求，建立健全城乡融合发展体制机制和政策体系，加快推进农业农村现代化。"

以习近平总书记关于"三农"工作的重要论述为指导，按照产业兴旺、生态宜居、乡风文明、治理有效、生活富裕的总要求，中央部署了一系列重大工程、重大计划、重大行动，并出台了第一个全面推进乡村振兴战略的五年规划，为统筹谋划和科学推进乡村振兴战略确定了行动纲领。

乡村振兴战略提出后，每年中央一号文件均对优先发展农业农村、全面推进乡村振兴作出总体部署，为做好"三农"工作指明了方向。

2019年1月2日，《中共中央国务院关于坚持农业农村优先发展做好"三农"工作的若干意见》中提出："坚持农业农村优先发展总方针，以实施乡村振兴战略为总抓手，对标全面建成小康社会“三农”工作必须完成的硬任务，适应国内外复杂形势变化对农村改革发展提出的新要求，抓重点、补短板、强基础，围绕“巩固、增强、提升、畅通”深化农业供给侧结构性改革，坚决打赢脱贫攻坚战，充分发挥农村基层党组织战斗堡垒作用，全面推进乡村振兴。”

2020 年 1 月 2 日，《中共中央国务院关于抓好“三农”领域重点工作确保如期实现全面小康的意见》中提出：“对标全面建成小康社会目标，强化举措、狠抓落实，集中力量完成打赢脱贫攻坚战和补上全面小康“三农”领域突出短板两大重点任务，持续抓好农业稳产保供和农民增收，推进农业高质量发展，保持农村社会和谐稳定，提升农民群众获得感、幸福感、安全感，确保脱贫攻坚战圆满收官，确保农村同步全面建成小康社会。”

2021 年 1 月 2 日，《中共中央国务院关于全面推进乡村振兴加快农业农村现代化的意见》中提出：“解决好发展不平衡不充分问题，重点难点在‘三农’，迫切需要补齐农业农村短板弱项，推动城乡协调发展；构建新发展格局，潜力后劲在‘三农’，迫切需要扩大农村需求，畅通城乡经济循环；应对国内外各种风险挑战，基础支撑在‘三农’，迫切需要稳住农业基本盘，守好‘三农’基础。”

2021 年 3 月，发布了《中共中央国务院关于实现巩固拓展脱贫攻坚成果同

乡村振兴有效衔接的意见》。这是为了进一步巩固拓展脱贫攻坚成果，接续推动脱贫地区发展和乡村全面振兴而制定的政策。

2022 年 1 月 4 日，《中共中央国务院关于做好 2022 年全面推进乡村振兴重点工作的意见》中提出："从容应对百年变局和世纪疫情，推动经济社会平稳健康发展，必须着眼国家重大战略需要，稳住农业基本盘、做好'三农'工作，接续全面推进乡村振兴，确保农业稳产增产、农民稳步增收、农村稳定安宁。"

2021 年 2 月 25 日，"国务院扶贫开发领导小组"的牌子已经永久性摘下，国务院直属机构"国家乡村振兴局"正式挂牌。机构更迭背后，是我国"三农"工作重心的历史性转移——脱贫攻坚取得胜利后，全面推进乡村振兴。

从"脱贫攻坚"到"乡村振兴"

消除贫困、改善民生、实现共同富裕，是社会主义的本质要求。脱贫攻坚取得胜利，仅意味着消除贫困和在一定程度上的改善民生，但尚未实现共同富裕。当前，城乡差异、区域差异、贫富差距仍然较大，因此，在摆脱贫困之后推进乡村振兴，是走向共同富裕的必由之路。

我国对于脱贫攻坚与乡村振兴的相关政策制定与实施，都致力于改善农村贫困人口的生活条件，提高他们的生活水平。2021 年 2 月 25 日，习近平总书记庄严宣告"脱贫攻坚战已取得了现实意义与战略意义上的全面胜利"。这意味着中华民族历史上首次在全国、全民族范围内战胜并消除了绝对贫困问题。

脱贫攻坚是乡村振兴的前提和基础。在脱贫攻坚过程中，政府采取了一系列措施，如发展特色产业、加强基础设施建设等，这些措施为乡村振兴打下了坚实的基础。同时，脱贫攻坚也促进了农村人口流动和就业创业，为乡村经济发展提供了动力。

乡村振兴是对脱贫攻坚成果的巩固和拓展，着眼于乡村振兴的目标，乡村全

面振兴与我国总体实现现代化推进的长期战略密不可分。因此，乡村振兴应强调以“三农”优先发展为原则，推动农村经济改革和全面发展。这不仅可以进一步巩固脱贫攻坚的成果，还可为农村地区注入新的活力，促进农民持续增收致富。

吹响“乡村振兴”的号角

科学规划

各地乡村振兴的规划既要考虑国家“2035 年基本实现社会主义现代化”的宏观目标，又要结合当地实际制定切实可行的具体目标；既要结合但又要高于当前脱贫攻坚、精准脱贫的“两不愁三保障”标准，着眼于“农业强、农村美、农民富”的农业农村现代化目标。

探索适合本地实际的发展模式

农村产业发展必须走科学化、集约化、市场化道路。所谓科学化，就是培养或引进人才、先进技术、设备和管理经验，坚持科学种植、科学养殖、科学加工、科学储运；所谓集约化，就是通过合作社或企业化的集约经营，统一产品规格，扩大生产规模，从而产生规模化效益；所谓市场化，就是通过市场手段配置资源，同时打开本地农副产品的销售市场。

总之，从脱贫攻坚到乡村振兴是一个长期而艰巨的过程。我们需要坚定信心、保持耐心，付出更多的努力和汗水，推动农村经济社会发展取得更大的进步。回顾农村从脱贫攻坚到乡村振兴的发展历程，我们更加坚定地走中国特色社会主义道路，为全面推进乡村振兴，实现农业农村现代化，为全面建设社会主义现代化国家、实现中华民族伟大复兴的中国梦而不懈奋斗。

端牢中国饭碗

粮稳天下安，我国自古以来以农立国，创造了源远流长、灿烂辉煌的农耕文明。党的十八大以来，以习近平同志为核心的党中央把解决好十几亿人的吃饭问题作为治国理政的头等大事，立足世情国情粮情，提出“谷物基本自给、口粮绝对安全”的新粮食安全观，确立“以我为主、立足国内、确保产能、适度进口、科技支撑”的国家粮食安全战略，我国粮食生产能力不断增强，粮食流通现代化水平明显提升，粮食供给结构持续优化，国家粮食安全保障更加有力。

粮食安全的内涵和外延

粮食安全作为一个独立的概念，最早见于 20 世纪 70 年代初，当时，全球面临能源危机、经济危机，并由此引发食物危机，1974 年世界粮食大会召开，讨论了为解决世界粮食问题所需要采取的《国家和国际行动》的建议，特别强调增加发展中国家的粮食生产和加强世界粮食安全的重要意义及具体措施。会议发布了“消除饥饿和营养不良的世界宣言”。之后，联合国粮农组织（FAO）和世界银行分别在 1983 年和 1986 年对粮食安全概念进行了拓展。

1996 年世界粮食峰会提出的食物安全概念被国际国内广泛认可并沿用至今：食物安全是指任何人在任何时候都能买得起并能够买得到足够、安全和营养的食

物，以满足人们日常饮食需要和食品需求偏好，保证人们积极向上、健康的生活。我国一直使用这一概念，只是将“食物安全（Food security）”翻译为“粮食安全”。

粮食安全面临的风险和隐患

2023 年 5 月，国务院新闻办公室举行新闻发布会，介绍“保障粮食安全，端牢中国饭碗”的有关情况。党的十八大以来，我国粮食生产稳定发展，口粮自给率在 100% 以上，谷物自给率在 95% 以上，人均粮食占有量约为 480 公斤 / 年，高于国际公认的 400 公斤 / 年粮食安全线，做到了谷物基本自给、口粮绝对安全。但受疫情延宕、经济下行、极端天气、地缘冲突等因素影响，国际粮食市场波动较大，我国食物安全面临着一些风险和隐患。

资源约束趋紧，自给能力高度承压

稳定粮食生产的资源环境约束持续加剧，粮食增产潜力有限。粮食是土地和水资源密集型产品，而我国人均耕地面积和人均水资源量均比较匮乏，部分地区耕地和淡水资源透支严重，粮食生产面临的资源环境约束加剧，稳定粮食生产的难度进一步加大。据调查显示，我国耕地数量和地力下降趋势明显，2019 年我国耕地面积为 19.18 亿亩，较 2009 年减少 1.13 亿亩。未来随着城镇化、工业化发展，耕地面积还将继续减少。

产业竞争力弱，粮食安全基础不牢固

近年来，随着柴油、化肥等农资价格、人工成本和地租价格持续上涨，种粮成本不断攀升，成本收益国际竞争力较弱。一是种粮生产成本高。2020 年我国每亩稻谷、小麦、玉米和大豆生产总成本分别比美国高出 13%、180%、38% 和 27%。人工投入方面，中国占 30%–40%，美国不到 10%。地租方面，中国比美国高出许多。当国家惠农政策强化或者粮食价格上涨时，地租随即跟涨。此外，我国种粮的比较效益均较低。农户种植十亩粮食的收益不如外出务工两个月的收

入，部分地区耕地季节性撂荒、粗放经营等隐性撂荒可能加剧。

除此之外，还存在主粮作物新品种多而不优、同质化严重，种子企业规模小、市场集中度低，创新能力弱，国际竞争力不强，种业“卡脖子”等问题。

海外粮食供应链脆弱，国际安全性有待提高

近年来，我国粮油肉蛋奶糖等重要农副产品消费快速增长，缺口已成规模，进口大幅增长，国际粮食市场已成为我国粮食乃至食物安全的重要组成部分。但是，由于我国粮食进口量大，全球贸易占比高，对外依存度和集中度不断攀升，对粮食海外供应链安全性要求也越来越高。进口国依然以美国、加拿大、澳大利亚和南美地区为主；进口渠道高度集中于少数跨国公司，国际卖方垄断风险大，对全球主要粮食出口地区供应链的掌控范围和力度弱；国际物流通道单一，海运运输中马六甲海峡、巴拿马运河、苏伊士运河是必经之路，一旦这几个关键节点被“一剑封喉”，将严重影响甚至阻断我国粮食进口供应链。

国际定价权缺失，粮食进口成本高

定价权是指影响国际市场粮食价格的能力。粮食作为大宗商品，国际贸易以期货交易为主，国际价格以期货价格为基准。美国芝加哥期货交易所是世界上最发达的农产品期货交易中心，全世界90%以上的谷物期货交易都在该交易所进行，玉米、大豆、小麦的全球价格通常都由其决定。2022年1–7月，我国粮食进口数同比减少7.1%，但进口金额同比增加15.9%，已超过2018年、2019年全年粮食进口金额。

因此，要进一步增强忧患意识，在食物安全这个问题上不能有丝毫麻痹大意，要始终绷紧食物安全这根弦，扎实工作，久久为功。

积极倡导大食物观

2023年，中央一号文件从构建多元化食物供给体系的角度，部署了树立大食物观的任务要求。大食物观指从粮食、蔬菜、水果、肉蛋奶和水产品等全部食物视角考虑食物供给数量和质量安全。树立大食物观，掌握居民食物结构变化趋势，兼顾粮食充分供给以及肉类、蔬菜、水果、水产品等食物的有效供给，才能更好地满足居民生活需要。

全方位开辟食物来源

大食物观要求从整个食物系统视角考虑食物供求。我国倡导大食物观，就是要在更大范围内考虑我国的食物供给，包括向森林要食物、向江河湖海要食物、向设施农业要食物，从传统农作物和畜禽资源向更丰富的生物资源拓展；向植物动物微生物要热量、要蛋白，构建多元化食物供给体系，充分保障广大消费者多样化的食物需求。

确保口粮绝对安全

树立大食物观，绝不能淡化“口粮安全”，要在口粮安全基础上，开辟更多食物来源，更好地满足人们多样化的食物需求。当然，更多的食物来源在很大程度上会缓解口粮需求压力。实际上，大食物观是在传统粮食安全的基础上再上一道“保险”。

突破“食物”范围，兼顾种子用粮和饲料用粮等需求

大食物观不仅要考虑食物，还必须考虑食物安全中的粮食口径，即必须强调种子用粮和饲料用粮等粮食的非食物用途，既考虑口粮安全、饲料粮安全，也要考虑种子安全等。大食物观除了考虑食物的数量安全外，还必须考虑质量安全，

要确保提供丰富多样、健康营养的食物，满足广大人民美好生活的需要。

保护粮食安全人人有责

落实“两藏战略”，提高国内粮食综合生产能力

一要在牢牢守住18亿亩耕地红线，确保耕地规模，在坚决防止耕地“非农化”、“非粮化”基础之上，提升种粮积极性，避免各地尤其是粮食主销区出现粮食生产大滑坡，做到“藏粮于地”；二要加强农业科技创新，夯实种业科技自立与自强的基础。积极尝试高产高效栽培、病虫害绿色防治、农艺农机适用等技术，提高粮食生产效率，做到“藏粮于技”。

践行大食物观，构建多元化食物供给体系

树立“大食物观”，正确处理好粮食安全与食物安全、营养安全的关系，统筹开发山水林田湖草等资源，大力发展非粮食物资源。粮食安全问题的实质是食物安全。我国具有面积广大的耕地、园地、林地、草地、湿地和水面，粮食、蔬菜、瓜果、油料、糖料、肉蛋奶、水产等各类食物生产潜力巨大，大力发展草食畜牧业，减轻对饲料粮的需求压力。

及时学习粮食生产政策支持，保障自身利益

国家近年来不断制定各项政策，构筑农业补贴、保险政策、价格支持“三位一体”支持体系，保障种粮农民收益，提高农民种粮积极性；作为多项政策的受益人，也要积极关注与自身经营事业有关的政策动向，做好配合工作，此举既能让农民享受到各项国家政策的红利，也能从一个侧面保证农民种粮的积极性，保证国家粮食安全。

开源节流并重，宣传节约粮食理念

在不断开拓和丰富食物来源的同时，也注重减少粮食产后损失和食物浪费。据报道，每年餐桌浪费相当于3000万—5000万人一年的食物量。作为粮食提供者，农民更应该进一步加强节粮减损技术宣传，普及节粮减损知识，积极倡导节约理念，号召全社会形成节粮减损良好风尚，使“减损即增产”的理念深入人心，最大限度地减少粮食损失和浪费；积极倡导绿色可持续发展理念，注重保护资源环境，促进食物系统可持续发展。

新时代，新农民

中国是一个有着几千年历史的农业大国，这决定了农民必定是推动中国农业发展的生力军。在不同的历史时期，人们对“农民”这一概念的界定不但存在着阶段性、历史性等时空层面的特征，而且也存在着地域性、价值性等认知范畴的差异。2014 年的中央农村经济工作会议，对农村改革提出了明确要求：大力培育新型职业农民，是深化农村改革、增强农村发展活力的重大举措，也是发展现代农业、保障重要农产品有效供给的关键环节。

2017 年 10 月，习近平总书记在党的十九大报告中提出要通过实施乡村振兴

战略等来建立健全城乡融合发展体制机制和政策体系，加快推进农业农村现代化。而乡村振兴战略的有效实施，就是要按照“产业兴旺、生态宜居、乡风文明、治理有效、生活富裕”的总要求，加快推进农业农村现代化。这一战略任务是全国农业农村工作发展到新阶段的必然要求，是城镇化发展到一定阶段的必然产物。而乡村振兴战略的顺利开展，其核心抓手必定是人。这就意味着，实施乡村振兴战略，关键在于调动亿万农民从事农业生产、乡村建设工作的积极性、主动性与创造性。而亿万农民积极性、主动性和创造性的调动，着力点则在于发挥那些“懂农业、爱农村、亲农民”的新型职业农民的示范效应及引领作用。要充分释放这些职业农民应有的示范效应及引领作用，当务之急就是要理性圈定职业农民的发展范畴，即在传承历史的基础上，赋予“职业农民”概念新的含义。

新农民的时代内涵

新农民即新型职业农民，是指在现代具有科学文化素质、掌握现代农业生产技能、具备一定经营管理能力，以农业生产、经营或服务作为主要职业，以农业收入作为主要生活来源的居住在农村或集镇的农业从业人员。新农民应具备以下几项基本素质：

身体素质：主要是指健康程度、体质强弱等。

文化素质：是指农民的文化知识水平，其主要的指标是农民受教育的程度。

科技素质：农民的科技素质是指所具备的科技文化知识水平和专业技能。它通常反映农民接受文化科技知识教育的程度，掌握科技知识的多少、质的高低，以及运用于农业生产实践的熟练程度。

思想道德素质：农民的思想道德素质是农民的思想意识和道德品质，包括人生观价值观、道德观、思想品质等。

新型职业农民的培养是社会发展的必然要求

进入 21 世纪以来，我国农村劳动力持续大量转移，截至 2018 年，我国城镇化率已经达到 59.58%，农民工数量已经达到 2.88 亿以上。在一些地方，走出去的农民工 70% 以上是“80 后”“90 后”后的青壮年劳动力。据有关调查，其中的 70% 以上表示不愿意回乡务农。留守农村的农民平均年龄已经达到 55 岁，其中妇女人数比例超过 60%，初中及以下文化程度的人数比例近 83%，农村空心化、农业兼业化、农民老龄化和低文化趋势越来越明显，留在农村务农的劳动力的结构和素质问题已经十分突出，严重威胁粮食和农产品供给安全。因此，“谁来种地”问题绝不是危言耸听，正因如此，培育新型职业农民作为一项基本国策应运而生。

新型职业农民是个与时俱进的概念，它不仅要求农民有农业生产技术，还要具有较高的思想道德素质、文化素质、科技素质和身体素质，能够随着时代变迁和社会经济发展而使自身内涵不断丰富和发展。它是有文化、懂技术、会经营、守法律、讲文明、综合素质高、具有现代特征农民的总称。《全国新型职业农民

培育发展规划》提出，以提高农民、扶持农民、富裕农民为方向，以吸引年轻人务农、培养职业农民为重点，通过培训提高一批、吸引发展一批、培育储备一批，加快构建一支有文化、懂技术、善经营、会管理的新型职业农民队伍。

未来新型农民培育的对象包括以下几类：

农村务农青年

青年是从事农业生产的主要力量，当前农村老龄化现象严重，农业从业人员后继无人现象亟待解决。农村务农青年具有较为稳定的务农意愿，文化程度相对较高，应用农业科技的能力较强，应当作为职业农民重点培育对象。

进城务工返乡的回流农民

城市回流农民包括两类人群，一类是掌握一定的知识、技能，并在城市中积累了一定资金的人群，如有志返乡从事农业生产经营或二次创业的主动回流的群体。另一类人群则是在城市务工过程中遇到生存障碍困难而被动回流的群体。对于前者，政府应当鼓励其参加技术培训，积极创业，并进行政策引导和重点扶持，培育其成为新型职业农民；对于后者，政府也应当积极给予引导帮扶，使其成为职业农民的后备军。

有志于到农业创业的人员

主要包括有志于从事农业的大学生或其他有志于从事农业的人员。

农村带头人

包括农民企业家、家庭农场主、农业合作社带头人、种田能手、承包大户、养殖大户等。他们是在农业产业化、规模化经营中起到良好示范作用的农民群体，他们具有丰富的从事规模化、产业化生产的先进理念及管理经验，并有着娴熟的

农业技能，在资金上实力雄厚，且对于从事农业产业有着强烈的意愿，政府应当大力扶持。

知识技能型人才

知识型农民也应当成为职业农民培育的主力军。这一社会群体受过良好的教育，具有相应的农业专业技能和知识结构，他们运用自己的知识文化和专长从事农业生产，如农机手、植保员、防疫员、沼气工、水利员等。

新时代，新农民的责任担当

牢牢守住粮食安全的底线

“民以食为天，国有粮方安。”保障国家粮食安全最终要靠农民，更要靠有知识储备和科技素养的新农民。要解决好粮食问题，首先必须积极响应国家的重大战略，提升种粮积极性，提高土地利用率。虽然存在种粮成本增加，农村人口流失，劳动力相对不足，种粮风险大、周期长但收益不高，补助政策存在缺陷和一些农田基础设施老化等问题，但近年来国家出台了免除农业税以及对农民种粮进行各种补贴的相关政策，为农民解除了后顾之忧。

确保农产品质量安全

习近平总书记强调，要用最严谨的标准、最严格的监管、最严厉的处罚、最严肃的问责，确保广大人民群众“舌尖上的安全”。此外，保障农产品质量安全是实现农业高质量发展的重要基础。因此，新型职业农民还承担着把握优良生产资料的筛选标准的责任，首先要做到“买对”农资；依法科学合理地使用农资，从而确保生产环节的安全，做到“用对”；其次，严格对产品安全标准的要求，“卖对”优质农产品，竖立口碑，才能经营出自己的品牌；另外，如实建立生产记录档案，确保各生产环节的农业操作准确有效，即“记对”。做到这些，不仅有助于更好地履行农民的责任，也方便维护农业生产者的合法权益。

新型农业经营主体成为乡村振兴主力军

进入5月中旬，位于南京江宁谷里张溪社区的蓝卉庄园内，一株株蓝莓树随风摇曳，一串串蓝莓果在青枝绿叶间探头探脑，游客们悠闲穿梭，不时摘一把蓝莓塞进嘴里，鲜甜爽口。

谈及走上一二三产业融合发展的道路，富蓝特蓝莓种植专业合作社理事长张云认为是“机缘巧合”。2017年，蓝莓还没成熟，他就琢磨制作蓝莓月饼，结果当年爆火，卖出了几千份。年底又想着卖蓝莓酒，销售额也有数十万元。从此，他认定农业不能单纯发展一产，必须一二三产融合发展。随后合作社与江苏省农科院专家团队合作，先后开发出新品种鲜食蓝莓、蓝莓盆景、蓝莓酒等 8 个系列 15 个单品，丰富了合作社产品体系，实现了可观的经济效益。

2020 年，合作社又打造了“蓝卉拖拉机乡村体验乐园”，推出亲子 DIY 项目，大大拓展了园区业态，亲子、研学、采摘等农文旅融合销售 160 多万元，年接待游客上万人次。

乡村振兴，关键在产业。在南京，以富蓝特蓝莓种植专业合作社等为代表的新型农业经营主体成为带动乡村产业发展的中坚力量。近年来，南京积极引导主体“接二连三”，拓展延伸加工、销售、休闲旅游、电子商务等新业态，培育了 8 个产业联盟，加快构建新型农业经营体系。2023 年全市新型农业经营主体一二三产总产值接近 398.6 亿元，同比增长 14.6%，培育休闲、观光、创意农场 400 余家，开展休闲农业、乡村旅游的合作社 86 家，发展农村电子商务合作社 186 家，一二三产融合发展企业 162 家，休闲农业和乡村旅游年实现综合收入超 140 亿元。

新质生产力赋能乡村建设

2023 年 9 月 7 日，习近平总书记在主持召开新时代推动东北全面振兴座谈会上指出："积极培育新能源、新材料、先进制造、电子信息等战略性新兴产业，积极培育未来产业，加快形成新质生产力，增强发展新动能。"新质生产力相关理论的提出，是对马克思主义生产力理论的进一步丰富和创新，为新时代全面推进经济发展动力变革提供了行动指南。

新质生产力及其内涵

生产力是人类在物质生产实践中征服和改造自然，并使其满足自身存在和发展需要的客观物质力量。其本质是由生产要素内部及其之间以一定结构组合而形成的有机系统。

新质生产力是生产力发展到一定水平，由于土地、劳动力、资本、技术和数据等生产要素及其优化组合的质的提升而形成的更为先进的生产力形态。在数字技术革命大背景下，新质生产力成为科技与生产深度融合的代表，是推动现代化进程的核心动力。

从基本内涵看，新质生产力是与数字化生产要素相适应的生产力的质的跃迁，是以数字化、网络化、智能化为主要特征的生产力，其核心内涵是科技创新。

从主要载体看，新质生产力的主要载体是产业发展。培育新质生产力的落脚点和方向是建设现代化产业体系。

加快发展新质生产力是当务之急，对我国拓展经济发展回旋空间、取得国际竞争主动权和实现中国式现代化都具有重要而深远的战略意义。

新质生产力

新质生产力是由技术革命性突破、生产要素创新性配置、产业深度转型升级而催生的当代先进生产力，它以劳动者、劳动资料、劳动对象及其优化组合的质变为基本内涵，以全要素生产率提升为核心标志

农业新质生产力及其必要性

农业新质生产力，是在农业领域运用革命性技术、创新性配置生产要素、农业自身深度转型升级后催生出的先进生产力，是传统农业生产力在数字经济时代的跃迁和升级。

农业新质生产力具有鲜明的农业产业特性。第一，农业科技创新是其重要的表现形式。综合运用生物科技、新能源、绿色低碳、人工智能、量子科技等关键领域的新技术、新成果，积极建立适应农业新质生产力发展的技术组织模式和资源配置方式，不断增强农业产业的内生动力；第二，农业绿色发展是农业新质生产力的又一特征。涉及农业新领域、新业态，技术含量高，依靠农业科技创新摆脱传统农业高投入、高消耗的生产力发展方式，是更符合农业高质量发展要求的新型生产力；第三，农业产业的转型升级是农业新质生产力的具体表现。追求积极推动供给侧改革和扩大有效需求的协同发展，促进农业由传统农业向现代化、智能化的方向转型升级。

新质生产力助推乡村数字生产

随着科技的不断发展，新质生产力正在成为推动乡村数字化生产的重要力量。在数字化时代，乡村数字化生产已经成为乡村振兴的重要途径，而新质生产力则是实现这一目标的关键因素。首先，新质生产力推动乡村数字基础设施的建设。互联网、大数据、人工智能等新技术的广泛应用，有力地推动乡村地区的数字经济的发展；其次，新质生产力促进了乡村农业产业向现代化、智能化的方向转型升级，如通过互联网平台、农村电商等新型业务，为乡村振兴提供了新的动力；此外，新质生产力提高了生产效率，为乡村经济带来了新的增长点。

新质生产力助推智慧乡村建设

智慧乡村建设是农业产业发展的重要趋势。随着科技的不断发展，新质生产力正在以前所未有的速度改变着农民的生活和生产方式。新质生产力为智慧乡村建设提供了强大的信息支持，有助于推动乡村产业的拓展，能够促进乡村旅游、

文化创意等新兴产业的发展，为乡村经济发展注入新的活力，提升乡村居民的生活品质，另外，还可以通过网络平台提高乡村居民的文化素质和技能水平。在智慧乡村建设中，新质生产力发挥着越来越重要的作用。

新质生产力助推乡村数字治理

新质生产力的涌现，推动着乡村数字治理模式的转变，逐步实现信息化、智能化和高效化发展。新质生产力为乡村数字治理提供了高效的信息处理手段；便捷的沟通手段，实现了政府、企业和社会之间的信息共享和协同合作；推动了乡村数字治理的智能化发展、自动化发展和乡村数字治理模式的创新。

新质生产力助推乡村人才发展

新质生产力助推乡村数字人才建设，专业人才的培养和引进已经成为乡村发展的根本动力。为乡村数字人才提供了广阔的发展空间和更多的就业机会，也对乡村数字人才提出了更高的要求：不仅要具备扎实的数据分析、云计算、人工智能技能，还需要具备创新思维和创业精神，以应对快速变化的市场环境。新质生产力还促进了数字人才间的交流和合作，这不仅有助于提高乡村数字人才的技能水平，还有助于促进乡村之间的合作和发展。

新质生产力助推乡村资源开发

通过引入先进的科技手段，可以有效地提高农业生产效率，改善农村生态环境，促进乡村旅游发展，为乡村经济注入新的活力。包括：通过推广生态农业、有机农业等绿色发展模式，可以减少化肥、农药等化学物质的滥用，保护农村生态环境；通过引入环保科技，如太阳能、风能等可再生能源技术，减少农村对传统能源的依赖，降低环境污染，可以改善农村生态环境；科技的进步和互联网的普及能促进新技术平台的应用，有助于开发乡村生态资源，将其推向更广阔的市场，促进乡村经济发展；改善乡村生态环境，使乡村成为人们向往的宜居之地；通过引入现代化的旅游管理理念和科技手段，可以改善乡村旅游的设施和服务水平，提高乡村旅游的吸引力和竞争力，为乡村经济注入新的活力。

可见，新质生产力促进乡村的技术改造，能够引发乡村数字化转型，提升乡村生产效率，转变乡村治理模式，升级乡村劳动投入机制，高效整合农村生产要素，推动农业高质量发展。但由于存在经济结构限制，专业人才不足，基础设施薄弱、治理机制缺失和外部风险增加等问题，数字乡村建设和农业农村现代化的实施需要共同探索可行的路径。

新质生产力赋能数字乡村建设的实施路径

新质生产力作为一种生产力的跃迁，是突破发展制约点、引领经济高质量发展的重要力量。面对新一轮农业产业变革，要遵循生产力形成和发展的规律，以

科技创新为主导加快发展农业新质生产力，培育竞争新优势，为中国式农业现代化提供不竭动力。结合新时代乡村五大生产要素的能动性组织和智慧化整合，提出以下实施路径：

普及数字设施，开发乡村资源

土地为财富之母，而劳动是财富之父，劳动是创造财富的唯一能动的要素。土地是乡村最重要的资源，充分利用农村土地资源，大力发展现代化种养业、农产品加工项目，激活村庄发展潜力。此外，乡村地区拥有丰富的生态资源，如山水、森林、湖泊等，数字基础设施的普及有利于对这些资源进行有效的开发和利用，提高其经济价值和社会效益，优化资源配置，能够给生产要素带来多种配置渠道，有助于消除要素供给方和需求方的不匹配，提升资源配置效率。

培育专业人才，推动农民发展

随着新质生产力的发展，尤其是在技术创新方面，乡村的人才管理进入一个新的发展阶段。优化乡村人才培养的战略体系至关重要，重点在于打造融合现代数字技术和地方农业实践深度知识的“新质”师资团队。其次，提升乡村地区人力资本投入水平。打造区域核心人才力量，服务农村科技创新。最后，提升农民群体的信息素养，通过乡村培训提升农民群体的基础数字技能可以有效地推动乡村地区数字农业人才的培养和发展。

完善监管方式，打造智慧乡村

新质生产力助推监管方式完善，实现智慧乡村建设。完善监管方式是打造智慧乡村的重要一环。在乡村治理中，监管方式需要不断创新和完善，以适应时代的发展和乡村的需求。完善的监管方式，为乡村集体经济组织提供稳定的运营环境，避免集体资产的不当流失和管理上的漏洞，智慧乡村的构建不仅能够促进乡

村产业的现代化和数字化转型，还能够实现资源的优化配置和管理效率的提升。

提升技术水平，推动产业融合

新质生产力，特别是数字技术的发展，为乡村产业体系融合创造了新的机遇。首先，重点在于提升乡村地区的信息技术水平。新质生产力有望成为广大农村地区，尤其是发展滞后的农村地区乘势而上的重要契机。新质生产力能有效促进产业融合发展，持续挖掘农业的生态、休闲、文化价值，开发乡村特色美食，开发民俗文化，如开展赶大集、手工艺品制作、非遗表演等活动，打造红色旅游、研学基地等，基于“数据—技术—平台”的三位一体乡村数字治理架构，为乡村产业发展提供新的融合方向。

发挥创新驱动，实现数字治理

加快自主创新体系建设，推动关键核心技术的创新和应用。促进战略性新兴产业与大数据、互联网、人工智能等前沿技术深度融合，培育新技术、新产品、新业态、新模式，抢占战略性新兴产业的制高点，构筑竞争新优势。数字乡村治理，是当前乡村振兴战略的重要方向。随着大数据、互联网、人工智能等技术的不断发展，数字乡村治理已经成为新质生产力的代表之一。应该加强数字技术的研发和应用，为乡村振兴战略的实施提供有力支持。通过创新驱动，在农村地区构建一个强大的技术生态体系，提升数字乡村建设的系统性和协同性；通过数字技术的应用，提升传统农业与现代技术的融合水平；农产品信息资源的智能汇集和利用，还能优化农产品经营模式，推动数字资源协同发展。

新质生产力的普及与应用，预示着未来在乡村地区将迎来农业发展与数字经济的整合，现代农业的智能化、高端化和生态化发展。因此，未来的转型过程中，还需要深入探索新质生产力在乡村地区的实际效果，更好地利用新质生产力促进农业与农村地区的高质量发展。

参考文献

[1] 李涛，吴贞尧 . 从脱贫到振兴：衔接模式、政策执行与生活质量提升 [J]. 经济问题，2023，（11）：97–104.

[2] 武如意 . 脱贫攻坚与乡村振兴有效衔接的措施探析 [J]. 智慧农业导刊，2024，4（15）：189–192.

[3] 杨少文，熊启泉，王萍 . 营养健康视角下的中国粮食自给率测算及应用 [J]. 农业经济与管理，2023，（05）：36–49.

[4] 谭光万，王秀东，王济民，等 . 新形势下国家食物安全战略研究 [J]. 中国工程科学，2023，25（04）：1–13.

[5] 曾伟 . 我国粮食安全形势、风险隐患与应对策略 [J]. 中国延安干部学院学报，2023，16（04）：70–76.

[6] 李彦利 . 乡村振兴视域下"三农"短视频的创新发展研究 [J]. 西部广播电视，2022，43（20）：22–24.

[7] 赵邦宏 . 新时代背景下新型农业经营主体与新型农民"两新融合"机制构建研究 [J]. 农业技术经济，2022，（01）：146.

[8] 魏登峰 . 科技革命 + 产业变革激活农业新质生产力 [J]. 农村工作通讯，2024，（06）：37–38.

[9] 韩喜平，马丽娟 . 发展新质生产力与推动高质量发展 [J]. 思想理论教育，2024，（04）：4–11.